해커스 공인중개사

키워드 알집
한손노트

1차 민법 및 민사특별법

해커스 공인중개사

키워드 알집(알짜집대성) 한손노트가 특별한 이유!

작고 가벼워 한손에 **쏙!** 들고 다니면서 공부할 수 있으니까!

핵심 키워드만 **쏙!** 외울 수 있으니까!

↳ 본문에 색으로 강조된 중요 내용

목차

목차

PART
01

민법총칙

CHAPTER 01 권리변동(득(실)변경)

1. 권리의 취득

암기 TIP 시·신·가·발·유·무!!! 확인

원시취득	최초로 권리를 취득함 [레벨1] 시효취득, 건물신축, 가공으로 취득, 발견, 유실물의 습득, 무주물의 선점
승계취득	① [레벨1] **이전적 승계**(권리가 이전함 = 양도) ㉠ 특정승계(매매, 증여, 경매로 아파트 소유권이전) ㉡ 포괄승계(상속) ② [레벨2] **설정적 승계** ➡ 아파트에 전세권이나 **저당권을 설정**한 경우

2. 권리의 변경

주체의 변경	집매매로 주인이 바뀌는 것(이전적 승계)
내용의 변경	[레벨2] '본래의 채무'가 이행불능으로 인하여 '손해배상채무'로 변경되는 것(본래의 채권이 손해배상채권으로): 전보배상이라 함
작용의 변경	1번 저당권의 소멸로 2번 저당권이 순위 승진

3. 권리의 소멸

절대적 소멸	건물이 멸실하여 소유권이 사라짐
상대적 소멸	건물매매시 전 주인이 소유권을 상실

4. 법률사실(권리변동의 원인)

(1) 용태(사람의 정신작용)와 사건(정신과 무관 - 시간 경과)

(2) 의사표시와 준법률행위

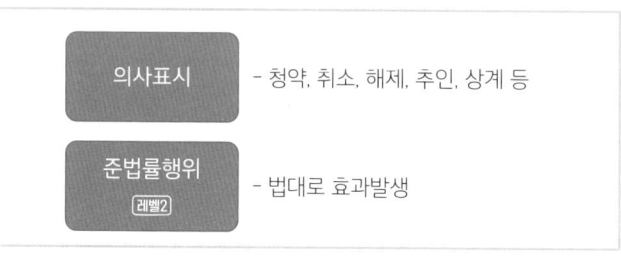

의사표시 - 청약, 취소, 해제, 추인, 상계 등

준법률행위 [레벨2] - 법대로 효과발생

◆ 준법률행위의 분류

① **표현행위**

  ㉠ 의사의 통지 - 최고

  ㉡ 관념의 통지 - 승낙이 연착되었다는 통지 / 대리권수여의 통지

② **사실행위**: 가공, 발견, 유실물 습득, 무주물 선점

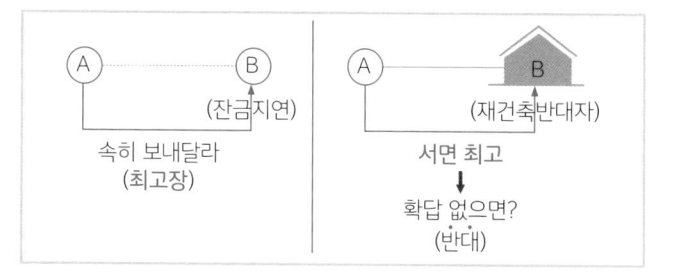

CHAPTER 02 법률행위

01 개념

'의사표시'를 필수요소로 하는 법률요건

> 매매계약, 교환계약, 전세계약, 저당권 설정 총칭
> **<계약을 민총에서는 법률행위라고 함>**

> 매매계약, 교환계약
> 저당권설정, 전세설정   (법률행위) → 「의사대로」

02 효력발생요건(내용의 적법성) → 유효

특별효력발생요건   **암기 TIP** ㉠ · ㉠ · ㉠ · ㉠ !!! [레벨1]

① 조건부 법률행위에서 <u>조건의 성취</u>
② 기한부 법률행위에서 <u>기한의 도래</u>
③ 토지거래허가구역에서 <u>토지거래</u>허가
④ 대리행위에서 <u>대리권</u>의 존재
★ 농지취득자격증명은 효력요건이 아니라 등기요건!

03 종류

1. 단독행위와 계약(합의해제, 매매의 예약) [레벨1]

① 상대방 있는 단독행위	취소, 추인, 철회, 해제, 상계, 시효이익포기
② 상대방 없는 단독행위	소유권의 포기 / 재단법인설립 · 유증 / 유언

✿공유지분의 포기는 상 · 있 · 단독행위이다.

2. 의무부담행위[채권행위]와 처분행위

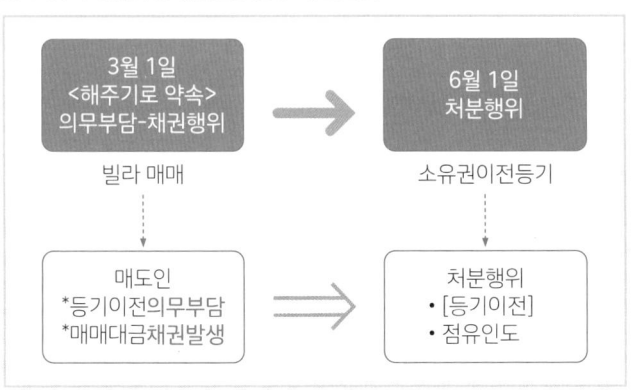

레벨1 매매, 교환, 임대차, 예약, 분양계약은 의무부담행위다.

레벨2 타인이 소유하는 물건의 매매, 교환은 무효가 아니고 유효

◎ 처분행위의 종류

레벨1 **물권행위** - 저당권설정, 전세권설정, 지상권설정

레벨2 준물권행위 - **채권양도 ★, 채무면제**

레벨2 처분권 없는 자의 처분행위, 저당설정, 전세권설정은 무효다.

04 법률행위의 목적(유효요건)

암기 TIP 가 / 적도 / 타당 / 공정!!

---

1. 확정성

성립 당시에 반드시 확정되어야 하는 것은 아니다. 기준이 있으면 된다.

2. 가능성 - 레벨1 불능(목적이 실현 불가능한 것) ★★

① 원시적 불능(무효)	계약체결상의 과실이 문제된다.
② 후발적 불능(유효)	일방의 과실○ - 채무불이행 쌍방의 과실× - 위험부담

3. 적법성 - 강행규정과 임의규정 ★

① 효력규정 - 위반은 무효다[초과 중개수수료 지급 / 명의신탁].

② 단속규정 - 위반은 유효하나 단속만 받는다.

　　㉠ 미등기 전매금지규정(중간생략등기 금지)은 유효다.

　　㉡ 중개사와 의뢰인간 직접거래금지규정 ★

4. 타당성 ★★ [계약서의 형식이 아니라 계약서 내용이 반사회적]

<제103조 - 반사회적 법률행위> 선량한 풍속 기타 사회질서에 위반한 사항을 내용으로 하는 법률행위는 <절대적>무효다.

레벨1 판단시기는? 법률행위의 성립 당시가 기준이다.

레벨1 판단기준은? 불법조건, 동기의 불법이 표시된 때,
　　　　　　　　　내용이 불법한 때

레벨2 효과는?

① 절대적 무효다. 선의 3자에게 무효를 대항할 수 있다. ★ 추인해도 효력이 없다. 누구든지 무효를 항변할 수 있다. ★
반사회적 행위로 등기를 마쳤어도 그 등기는 원인 무효로 말소될 운명에 있으므로, 등기명의자가 반환청구를 행사하는 경우 「상대방」은 무효를 항변으로 주장할 수 있다.

② 불법원인 급여 적용 - 급여자는 급여물을 반환청구×
(불륜남이 내연녀에게 사준 차는 무효로 반환청구×)

[레벨3] 반사회적 행위로 무효인 것을 고르면? ★★

① <u>형사사건</u>에서 변호사와 의뢰인간 성공보수약정
② 반사회적 <u>동기가</u> **표시된** 경우
③ 보험사고를 가장하여 **보험금 부정취득목적**의 보험계약
④ **<u>부첩관계</u>**의 종료라는 해제조건(불법조건)이 붙은 증여
⑤ 1부1처제에 반하는 **첩계약** °단, 첩관계 단절은 유효
⑥ 이미 매도된 부동산에 <u>저당권자가 적극 가담</u>해 저당설정
⑦ **과도한 위약벌** 약정 / 어떤 일이 있어도 이혼하지 않겠다.
⑧ 소송에서 <u>허위진술대가</u>로 금품교부하기로 약정
⑨ <u>변호사 아닌 자[브로커]</u>가 승소시 소송물의 일부를 받기로 약속
⑩ 소송에서 **증언대가**로 과도한 **금품**<u>교부</u> 약속
⑪ 도박채권의 담보로 저당권을 설정

[레벨3] 반사회적 행위에 해당하지 않는 것을 고르면? ★★

① 탈세**관련** - <⊙ 양도세를 매수자가 부담하는 특약,
   ⊙ 다운계약서 작성, ⓒ 명의신탁 행위, ⓔ 중간생략등기>
② 노태우 **비자금**을 금융기관에 은닉한 사건
③ 허위로 근저당권 설정행위 ★★
④ 법률행위의 **성립과정**에 「**강박**」이라는 불법적 방법이 사용된 경우
   - <취소사유일 뿐이다>
⑤ **농지에 대한 임대차** / 무허가 건물의 임대차
⑥ 도박빛 변제를 위해 **부동산처분을 위임받은 채권자**가 제3자
   에 매도

성립과정의 강박	→	허위로 의사표시	→	내용이 반사회적
(취소사유)		(허위근저당)		(제103조)

5. 공정성[폭리행위] - 제103조의 예시규정이다. ★★

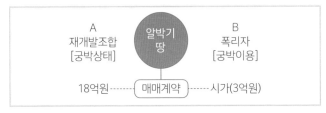

<제104조 - 불공정한 법률행위> 당사자의 궁박 · 경솔 · 무경험으로 인하여 현저히 공정을 잃은 법률행위는 <절대적>무효다.

[레벨1] **요건은?** A피해자 - <땅 매매> - B폭리자

> <객> 급부와 반대급부가 현저히 불균형<당사자의 주관적 가치가
>   아니라 사회통념인 객관적 가치로 판단[전합]>
> <주> 궁박(경제적, 정신적), 경솔, 무경험<특정분야의 경험부족이
>   아니라 **일반적 경험부족을 말한다**> 중에서 1가지
> • 폭리자가 악의로 이용할 것

[레벨2] **대리인에 의할 경우 궁박은 본인, ㉓(솔), ㉤(경험) ㈐(리인)
기준이다.**

[레벨2] **입증:** 급부와 반대급부간의 불균형 입증으로 궁박, 무경험이 추정
되지 않는다. 주관적 요건까지 입증해야 한다.

[레벨3] **효과는?**

> ① 절대적 무효다. - 추인해도 유효로 될 수 없다.
>   - 제3자는 선의여도 소유권 취득 못한다.
> ② 부제소 합의는 무효다.
> ③ 불공정한 법률행위도 무효행위의 전환이 허용된다.
>   <**알박기**로 무효인 계약도 금액을 낮추어 유효로 전환 허용>
> ④ 폭리자 일방만 급여물의 반환청구를 할 수 없다.

[레벨2] **적용 여부**

① **증여에 적용되나?** 반대급부가 없어서 적용 안 된다.
② **경매에 적용되나?** 법률에 의한 것으로 적용 안 된다.

[2중매매] 사례 ★★ 레벨3

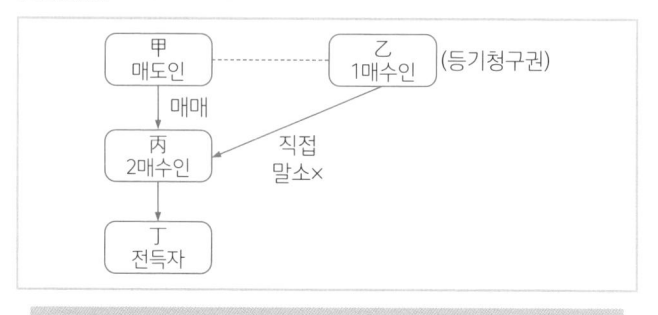

(1) 2매수인이 악의면?
2중매매는 유효로 먼저 <u>소유권이전등기를 경료한</u> 2매수인이 소유권을 취득한다[특별한 사정이 없는 한, 먼저 등기한 매수인이 소유권을 취득한다].

(2) 2매수인이 적극가담 - 2매매는 반사회적 행위로 무효
① 乙은 甲에게 **이행불능**으로 최고 없이 계약을 해제하고 손해배상구(본래의 채무에 대신하는 전보배상청구)
② 乙은 직접 丙에게 소유권이전등기청구할 수 없고 甲을 <u>대위하여 등기말소</u>를 청구할 수 있다.
③ 乙은 직접 丙에게 「제3자의 채권침해」를 이유로 불법행위 책임을 **물을 수 있다.**
④ 乙은 자신의 **등기청구권을 보전하기 위해** 2매매행위에 대하여 채권자 취소(전제 - 금전채권보전일 것)할 수 **없다.**
⑤ 2매매는 절대적 무효로 전득자 丁은 선의여도 2매매의 유효를 주장할 수 없고 소유권을 유효하게 취득할 수 없다.
★★ 2매수인 丙의 대리인이 적극가담한 것에 대해 丙이 선의인 때?
　　2매매는 무효로 됨에 장애가 되지 않는다.

(3) 유추적용 - 2중 임대차 / 이미 매매계약된 부동산을 적극 가담하여 근저당, 가등기를 경료시 적용된다.

*1매수인이 주장할 수 없는 카드?
직접말소 / 진정**명의회복** / 채권자취소 / 유치권

05 법률행위의 해석

[레벨2] **자연적 해석** – <표의자의 **진의대로!!!**>

<오표시 무해의 원칙>

> 969 - 36번지를 매매하기로 합의하고, 969 - 63번지의 소유권이전
> 등기를 경료한 경우 법률관계는?
> ① 당사자간의 **공통된 진의대로 969 - 36으로 성립**한다. / 쌍방
>   간 진의가 공통인 때, 서로 합의한 내용이 있는 때는 진의(합의)
>   대로 성립한다.
> ② 969 - 63번지로 **이전등기 경료한 것은 원인무효**다.
> ③ 당사자는 **착오로 취소**를 할 수 있는가? 없다.

[레벨1] **규범적 해석** – <**표시된 대로 해석해줘!!!**>

> 표의자의 진의(내심적 의사)를 알 수 없을 때는?
> ① 표시행위로부터 추단되는 효과의사로 해석한다.
> ② 甲이 89만원에 매도의사였으나 98만원으로 청약을 하여 乙이
>   98만원으로 승낙하여 매매가 98만원에 성립

[레벨3] **당사자 결정**

> ① 행위자와 상대방의 의사가 **일치하면** 일치하는 대로 결정
> ② 행위자와 상대방의 의사가 **불일치하면?** 상대방의 합리적인 시각
>   으로 결정!

CHAPTER 03 의사표시

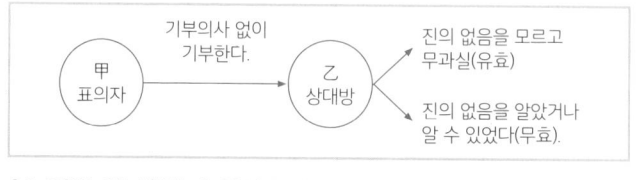

01 진의 아닌(없는) 의사표시 = 비진의표시(제107조)

1. 요건

진의(진심)없이 하는 의사표시(예) 기부의사 없이 '기부한다'라고 표시)
→ 진의와 표시가 다른 것을 표의자가 **알면서** 하는 의사표시

[레벨1] 진의란? 특정한 표시를 하려는 표의자의 생각을 말한다(O).
　　　표의자가 진정으로 바라는 바(희망사항)를 말한다(×).

> **○비진의표시에 해당 여부 [판례 정리]**
> ① 강박에 의한 증여표시 - 최선이라 판단하여 행한 의사표시로서 진의가 결여된 것이 아니다 = 비진의표시가 아니다.
> ② 채무부담의사로 명의대여 = 비진의표시가 아니다.
> ③ 근로자가 자의로 중간퇴직 = 비진의표시가 아니다.

2. 효과 [레벨2]

> ① **원칙**: 상대방이 선의, 무과실이면 표시한 대로 유효
> ② **예외**: 진의아님을 상대방이 알았거나 알 수 있었을 경우 무효
> 　　<무효 주장자가 상대방의 악의를 입증해야>
> ③ 전항의 무효는 선의이지만 <과실있는> 제3자에게 대항할 수 없다.

3. 적용범위 [레벨1]

① 단독행위, 대리권의 남용에도 적용된다.
② 공법행위(공무원의 사직서 제출)에는 적용되지 않는다.

02 통정허위표시[제108조]

---

1. 요건: 상대방과 통정하여(양해 얻어) 허위계약을 함(서로 통정할 것)

2. 효과 사례 甲(**가장양도인**) - 乙(**가장양수인**) - 丙(**선의 제3자**) - 丁(**전득자**)

> ① 당사자 사이에는 언제나 무효이다. 당사자는 상대방에게 채무불이행으로 인한 손해배상을 청구할 수 있나? 없다.
>
> ② 허위로 근저당권을 설정하는 것은? 반사회적 행위가 아니다. 따라서 허위표시자는 상대방에게 부당이득반환을 청구할 수 있다.
>
> ③ 제3자는?
>> ㉠ 가짜계약의 외형을 믿고 실질적으로 새로운 이해관계를 맺은 자를 말한다.
>> ㉡ 제3자는 선의이면 과실있어도 유효하고 보호받는다.
>> ㉢ 제3자의 선의는 추정된다. 제3자가 선의를 입증할 책임이 없다.

3. 허위표시의 제3자

(1) 레벨3 허위표시의 제3자에 해당하지 않는 자는?

> ① 가장양수인의 상속인[포괄승계인]
> ② 제3자를 위한 계약의 수익자
> ③ 대리인이 상대방과 통정한 경우에 본인
> ④ 금전채권의 가장양도에 있어서 변제 전 채무자

⑤ 차주와 동정하여 가장소비대차를 한 금융기관으로부터 그 계약을 인수한 자

⑥ 대리인이 상대방과 허위표시를 한 경우에 본인이 선의임을 이유로 허위표시의 유효를 주장할 수 [있다/**없다**].

상(속인) - 수(익자)가 - 본(인) - 채(무자)만체하네!

(2) 허위표시의 제3자에 해당하는 자는?

① 가장양수인의 부동산에 가등기를 경료한 자

② 가장전세권부 채권을 가압류한 채권자

③ 가장소비대차의 대주가 파산선고를 받은 경우 그 파산관재인은 새로운 이해관계를 맺은 제3자다. 이때, 선의 여부는 파산관재인 개인을 기준으로 하지 않고, 총파산채권자가 악의로 되지 않는 한 선의로 추정(대판). [일부는 악의이고, 일부는 선의여도 선의로 추정]

④ 가장채무를 보증하고 그 보증채무를 이행한 보증인 ★

4. 은닉행위 사례

甲(장모)가 乙(사위)에게 실제는 증여인데 매매를 가장하여 X빌라의 소유권이전등기를 경료해준 경우?

① 증여는 유효하다.

② 매매는 허위표시로서 무효다.

③ 乙명의 소유권이전등기는 실체와 일치하여 유효다.

④ 甲은 乙명의 등기를 말소청구할 수 없다.

⑤ 乙[유효한 소유권자]로부터 빌라를 매수한 제3자는 선의·악의 관계없이 소유권을 유효하게 취득한다.

03 착오

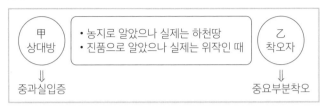

甲 상대방	• 농지로 알았으나 실제는 하천땅 • 진품으로 알았으나 실제는 위작인 때	乙 착오자
⇩ 중과실입증		⇩ 중요부분착오

---

1. 요건 레벨1

(1) 의사와 표시의 불일치를 모를 것(알면 비진의 표시다)

(2) 장래의 미필적 사실의 발생에 대한 기대나 예상이 빗나간 것에 불과한 때: 착오라 할 수 없다.

> ① 중요부분의 착오일 것(시가, 면적의 부족은 제외)
>
> ⓐ **표시상의 착오**: 98만원으로 기재하려다 89만원으로 오기
>
> ⓑ **서명날인의 착오**: 신원보증인줄 알고 서명했는데 연대보증 서류인 때
>
> ⓒ **동일성의 착오**: 채무자를 甲으로 알았으나 실제는 乙인 때
>
> ⓓ **법률의 착오**: 장래 부과될 양도소득세액에 대한 착오
>
> ⓔ 「**경제적 불이익**」이 없으면: 중요부분의 착오가 아니다.
>
> ⓕ **동기의 착오**: 부동산에 대한 법적 규제의 존재에 대한 착오 (축사를 지으려 매수했으나 절반이 시설녹지)
>
> • 동기를 표시하여 계약의 내용으로 삼은 때에 한하여 취소O
>
> • 동기를 상대방이 「유발」한 경우에는 착오자는 「동기의 표시 없이도」 취소할 수 있다.
>
> • 동기의 착오를 취소하려면 상대방과 「합의」까지 이루어질 필요는 없다.

② 중과실이 없을 것[경과실이어야 취소]

　㉠ 보통 요구되는 주의를 현저히 결여한 것

　㉡ **입증책임**: 착오자가 아니라 상대방이 입증

　㉢ **중개업자를 통하지 않고 매수한 경우**: 중과실○

　㉣ **매수자가 지적도와 일치 여부를 확인하지 않은 때**: 중과실×

2. **효과** 〔레벨2〕 상대방 甲 - <매매계약> - 착오자 乙

① 경과실로 인한 착오로 취소한 자에게 상대방은 불법행위책임을 물을 수 있나? 없다. ★★

② 상대방이 착오자의 착오를 알고 이용한 경우에는 착오자는 중과실 이어도 착오로 취소할 수 [없다 / 있다](대판).

3. **관련문제** 〔레벨3〕

① 매도인이 매수인의 대금불이행으로 계약을 해제한 후 매수인 은 계약금을 돌려받고자 착오로 취소할 수 있다.

② 착오와 담보책임요건을 갖춘 경우, 담보책임의 성립 여부와 관 계없이 착오로 취소할 수 있다.

③ 상대방이 착오자의 「진의」에 동의한 때는 착오로 취소할 수 없다.

<u>04</u> 사기, 강박

$$\boxed{A} \rightarrow \boxed{기망} + \boxed{위법성} \rightarrow \boxed{B}\ 착오로\ 의사결정$$

의사표시는 일치하나 **의사형성과정의 하자가 존재**

1. 사기 〔레벨1〕

① 2단의 고의에 의한 기망일 것(과실에 의한 기망은 제외됨)

② 허위사실을 고지한 것이 위법하면?
   사기로 취소하여 부당이득반환청구하거나 취소 없이 불법행위로 손배청구 할 수 있다.

③ 부작위에 의한 사기 - 고지의무자가 고지(아파트 인근에 공동묘지의 존재)를 하지 않은 경우 사기로 취소할 수 있다.

④ 수익률을 다소 과장한 광고 - 위법성이 없다.
   교환에서 **일방이 시가를 묵비**한 것 - 위법성이 없다.

2. 강박 〔레벨1〕

① 해악을 고지할 것. 해악의 고지 없이 각서에 **서명을 강력히 요구**한 것은 위법성이 없다. ★

② 부정행위에 대한 고소라도 **부정한 이익**을 목적으로 할 때는 위법성이 부정되지 않는다.

③ 강박에 의한 증여표시는 **의사결정과정의 하자**로 취소사유이고, **반사회적 행위가 아니다.**

④ 의사결정의 자유를 완전 박탈당한 경우 무효이다.
   반면에 의사결정의 자유를 제한받는 정도면 취소에 그친다.

3. 제3자의 사기 [甲이 乙의 사기로 丙에게 매매시] 레벨3

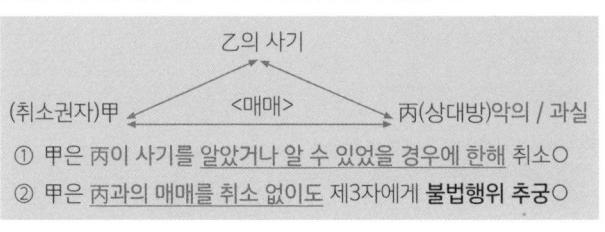

乙의 사기

(취소권자)甲 ←———— <매매> ————→ 丙(상대방)악의 / 과실

① 甲은 丙이 사기를 <u>알았거나 알 수 있었을 경우에 한해</u> 취소O
② 甲은 <u>丙과의 매매를 취소 없이도</u> 제3자에게 **불법행위 추궁**O

4. 대리인의 사기 [사례] 레벨3 [대리인과 본인은 한통속]

본인 甲의 대리인 乙이 丙을 기망하여 매매한 경우?

乙대리인의 사기

甲본인 ---------------------------------- 丙

① 丙은 甲이 사기사실에 대해 선의여도 취소할 수 있다(O).
   <甲이 나 몰라라 오리발 내민 사건>
② ★ 丙은 甲이 사기사실을 <u>모른 경우</u> **취소할 수 없다**(×).
③ ★ 丙은 甲이 사기사실을 알았거나 알 수 있었을 경우에 한하여
   취소할 수 있다(×).

1. 도달이란? (표의자) -- <발송> -- <도달> -- <요지> -- (상대방)

① 통지내용을 객관적으로 알 수 있는 상태를 말한다(밥상 차린 때).
   단, 상대가 통지내용을 알았거나 수령할 것을 요하지 않는다.
② 수령거절한 경우: 해제표시를 상대방이 수령거절한 경우 해제의
   통지서가 객관적으로 알 수 있는 상태면 해제 효력이 생긴다.

2. 발송 후 표의자가 사망하거나 제한능력자로 된 때

① 의사표시의 효력에 영향을 미치지 아니한다[의사표시는 유효].
② 표의자는 제한능력자를 이유로 취소할 수 있다[×].

3. 도달의 입증?

① 보통우편물이 발송되고 반송되지 아니하면 특단의 사정이 없
   는 한 도달로 추정되지 않는다.
② 내용증명우편물, 등기우편물이 발송되고 반송되지 않으면 그
   무렵에 도달된 것으로 봄이 상당하다. ★★

4. 도달주의의 예외규정[발신주의를 취하는 경우]

① 무권대리에서 상대방의 최고에 대한 본인의 확답(제131조)
② 격지자간에 승낙의 통지를 발송한 때 계약이 성립한다.

5. 수령무능력자

① 의사표시의 상대방이 이를 받은 자가 제한능력자인 경우 표의
   자는 그 의사표시의 도달을 주장하지 못한다.
② 그러나 법정대리인이 도달을 안 때는 그 의사표시의 도달을 주
   장할 수 있다. ★★
   ★ 의사표시를 **수령한 후** 제한능력자로 된 경우, 의사표시는 도
   달의 효력이 발생하지 않는다(×).

CHAPTER 04 대리

<u>01</u> 대리제도

> 甲(본인) - 위임장 - 대리인乙 - 대리행위 - 丙(상대방)

1. 대리권의 범위가 불분명한 때? 레벨1   암기 TIP 보 · 이 · 개!

① 본인의 **수권 없이** 보존행위(이용, 개량행위)를 할 수 있다. 처분행위×
② 미등기 건물을 등기하는 일, 채권의 소멸시효를 중단시킴, 부패하려는 물건을 처분하는 행위 등은 보존행위다.
③ 매매계약에 관한 대리권을 포괄 수여받은 대리인은 계약금, 잔금을 수령할 권한, 대금 지급기일을 연기하여 줄 권한도 가진다.
④ 매매계약을 소개하고 매수인을 대리하여 매매계약을 체결하였다고 하여 매매계약의 해제권까지 가진다고 할 수 없다.
⑤ 예금계약 체결의 위임을 받은 자의 대리권에 예금을 담보로 대출받을 권한까지 포함된 것은 아니다.

2. 대리권의 제한 레벨1

① 각자대리의 원칙 - 내리인이 여러 명인 경우 공동대리가 아니라 각자가 본인을 대리한다.
② 자기계약, 쌍방대리의 금지
  ㉠ 다툼이 있는 채무의 이행(기한이 도래하지 않은 채무의 변제)은 자기계약, 쌍방대리가 금지된다.
  ㉡ 다툼이 「없는」 채무이행은 허용(대리인에 대한 본인의 금전부채가 「기한이 도래」한 경우, 대리인은 본인의 특별수권 없이 채무를 변제할 수 [있다 / 없다])
③ 자기계약, 쌍방대리 위반시 본인은 추인할 수 있다.

3. 대리권의 소멸 · 남용   암기 TIP 원 · 수는 사 · 성 · 파!!! 레벨1

① 본인은 사망뿐 / 대리인의, 사망, 성년후견의 개시, 파산
② 임의대리특유의 소멸사유 - 수권행위의 철회, 원인관계의 종료
③ 대리권의 남용 - 대리인이 자신의 이익을 위해 배임적 대리행위시? 상대방이 이를 「알았거나 알 수 있었다면」 본인에게 효력이 없다.

4. 현명주의(대리관계를 표시하는 것)

① 서명대행 - 乙이 대리인임을 표시하지 않고 甲의 이름만 적고 甲의 인장을 **날인한 경우** 유효한 대리행위가 될 수 있다.

② 대리인이 본인을 위한 것임을 **현명하지 않은 경우** 대리인 자신을 위한 것으로 본다[추정이 아니다].

5. 대리행위의 하자 [레벨2] - 하자표준은 대리인

① 의사의 흠결, 사기, 강박여부는 대리인을 표준으로 하여 결정하고 취소, 해제, 원상회복청구권, 채무불이행으로 인한 손배청구권은 대리인이 아니라 본인에게 귀속한다.

② 궁박은 본인이 기준, 경솔·무경험은 대리인이 기준이다.

6. **대리인의 능력** - 행위능력자임을 요하지 아니한다.

甲이 미성년자乙에게 위임하여 乙이 계약을 한 경우, 甲은 대리인이 제한능력임을 이유로 대리행위를 취소할 수 [있다 / 없다].

7. **대리행위의 효과**

① 대리인의 채무불이행으로 인한 해제시 손해배상책임 / 원상회복의무자는 [본인과 상대방 / 대리인과 상대방]이다.

② 상대방이 대리인에게 대금을 지급했으나 대리인이 본인에게 전달하지 않고 먹고 튄 때, 상대방의 대금지급의무는 [소멸/ 불소멸].

02 복대리 레벨1

甲 (본인) —— 수권행위 ——> 乙 (대리인) —— 복임행위 ——> 丙 (복대리)

---

1. 복대리의 성질

① 대리인이 대리인의 이름으로 선임한 본인의 대리인이다.

② 복대리는 언제나 임의대리다.

　★ 법정대리인이 선임한 복대리인도 임의대리다.

③ 母·子관계다 – 대리권(母)이 소멸하면 복대리권(子)도 소멸한다.

　★ 대리인이 복대리인을 선임하여도 대리인의 대리권은?

　　➡ [소멸한다 / 소멸하지 않는다].

④ 복대리인의 선임[대리인 이름으로 함]은?

　　➡ 대리행위[본인 이름으로 함]가 아니다.

⑤ 복대리인은 대리인과 동일한 권리·의무를 부담한다.
복대리인은 행위능력자임을 요하지 않는다.

2. 복임권 유무 레벨2　　암기 TIP　임본부장 승낙 없이 선임금지!!

임의대리 (법률행위로 대리권이 수여)	① 본인의 신임을 받은 자로 복임권이 없다. ② ★ 본인의 승낙이나 부득이한 사유가 있으면 복대리를 선임할 수 있다(이때 대리인은 선임·감독상의 과실책임이 있다). ③ ★ 본인의 지명시: 부적임을 알고 본인에게 통지, 해임을 태만시에 책임진다.
법정대리인 (법률규정)	① 언제나 복대리인을 선임할 수 있다. ② 부득이한 사유로 선임한 경우: 선임·감독상의 과실책임을 부담한다.

3. 구체적 복임권 허용 여부의 판례

대리인 자신에 의한 처리가 필요로 하지 아니한 경우 ★★ <금원의 차용사무>	甲이 채권자를 특정하지 아니하고 X부동산을 담보로 제공하여 乙에게 **금원의 차용을 위임**하였고, 대리인 乙이 다시 이를 丙에게 위임하였으며 丙은 丁에게 X부동산을 담보로 제공하여 금원을 차용하여 乙에게 교부하였을 경우, 甲이 乙에게 **금원차용의 사무를 위임**한 의사에는 "복대리 선임에 관한 본인의 승낙"이 묵시적으로 포함되었다(대판).
대리인 자신이 처리해 줄 사무 <분양업무>	그 성질상 분양을 위임받은 자의 능력에 따라 그 분양사업의 성공여부가 결정되는 사무이므로 "**본인의 명시적인 승낙 없이는**" 복대리인을 선임할 수 없다(대판).

4. 소멸 후 표현대리 성립

대리인이 **대리권소멸 후** 복대리인을 선임하여 복대리인으로 하여금 상대방과 사이에 대리행위를 하도록 한 경우?
상대방이 대리권소멸사실을 알지 못하여 선의·무과실이라면 제129조의 표현대리가 성립하여 본인이 책임을 부담한다.

<u>03</u> **무권대리** [레벨2] [사례]

1. 의의: 대리권 없는 자가 대리인의 자격을 사칭하는 것

> 무권대리는 대리권 없이 행해져서 본인이 추인하지 않는 한 무효이나 본인이 추인하면 유효로 되므로 유동적 무효다.

[구조화]	<u>본인 甲---무권대리인 乙-----상대방</u>
	1. 추인권[유효] 3. 철회권[무효화]
	2. 추인거절[무효] 4. 최고권

2. 추인권: 추후에 승인하여 유효로 하는 단독행위

① 성질은? 추인은 형성권으로 상대방의 승낙을 요하지 않는다.

② 시기는? 상대방이 철회 전까지다. 철회 후에 추인할 수 없다.

③ 추인의 상대방은? 무권대리인. 상대방. 승계인도 가능

　㉠ 본인이 「무권대리인」에게 추인한 경우, 상대방에게 추인있었음을 대항하지 못한다.

　㉡ 역으로 상대방이 본인에게 추인있었음을 주장할 수 있다.

④ 방법은?

　㉠ 명시적·묵시적으로 / 「일부추인시 상대방의 승낙이 없으면 무효다」

　㉡ 「일부추인, 변경을 가한 추인은 상대방의 승낙이 없으면 효력이 없다」

　㉢ 오랜 기간 방치해둔 것은 묵시적 추인이 아니다.

⑤ 효과는? 추인한 때부터가 아니라 처음부터 유효다.
　　　　　다만, 제3자의 권리를 해하지 못한다.

3. 추인거절권[확정무효화]

본인이 횟병으로 사망하여 무권대리인이 단독상속한 때?

> ① 무권대리인이 자신의 매매행위에 대하여 뒤늦게 무효를 주장
> (= 추인거절의 주장 = 부당이득반환)하는 것은 신의칙에 반하여
> 허용될 수 없다.
> ② ★★ 무권대리인이 상대방의 등기말소를 청구하는 것은 허용
> 될 수 없다. 따라서 상대방 명의등기는 <u>유효다.</u>

4. 철회권과 최고권 [레벨2]

비교	요건	시기
철회	상대방이 선의일 것	본인이 추인 전
최고	상대방이 선의 · 악의 불문	본인이 추인 거절 전

(1) 최고(선의 · 악의 불문하고 인정)

상대방이 본인에게 추인 여부의 확답을 최고한 경우 본인이 확답을
발(발신)하지 않으면? <u>추인 거절</u>로 본다.

(2) 철회(선의일 때만 인정)

① 효과
  무권대리에 대하여 선의인 상대방이 유효한 철회를 하면 무권대리
  행위는 **확정적으로 무효**가 되어 그 후에는 본인이 <u>무권대리행위
  를 추인할 수 없다.</u>

② 입증
  상대방이 대리인에게 대리권이 없음을 알았다는 점에 대한 주
  장 · 입증책임은 <u>철회의 효과를 다투는 본인</u>에게 있다.

③ 부당이득반환의무자
  실질적으로 부당하게 이득을 얻은 자에게 귀속시켜야 한다. 따라
  서 무권대리인이 계약금을 상대방으로부터 수취하고 본인에게 전
  달하지 않은 경우 [본인]에게 실질적으로 이득이 귀속된 바 없다
  면 본인에게 부당이득반환의무를 부담시킬 수 없다(대판).

5. 무권대리인의 책임 [레벨2]

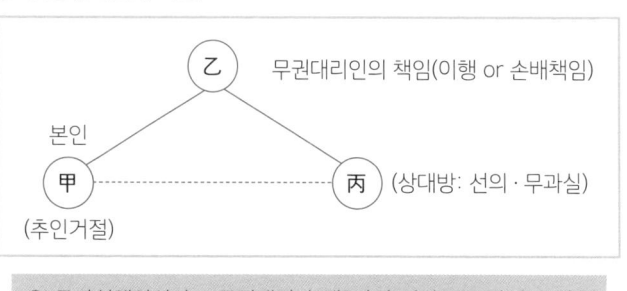

① 무과실책임이다 - 무권대리가 제3자의 기망으로 야기된 경우 무권대리인에게 귀책사유가 없는 경우에도 무권대리인의 책임 이 부정되지 아니한다(대판).

② 상대방의 선택[무권대리인의 선택이 아니다]에 따라 이행책임 이나 손해배상책임을 부담

③ 무권대리인의 책임의 제한
  ★ 무권대리인이 미성년인 경우 상대방은 미성년자에게 손해 배상을 청구할 수 없다.

◆단독행위의 무권대리

① 상대방 없는 단독행위의 무권대리 - 절대적 무효로 추인해도 효력 없다. ★

② 상대방 있는 단독행위의 무권대리 - 본인의 추인이 허용[수동대리의 경우] 상대방이 무권대리인의 '동의를 얻어' 단독행위를 한 경우 계약의 무권 대리를 준용하므로 본인은 단독행위의 무권대리를 추인하여 유효로 할 수 있다.

04 표현대리(表見代理)

책임저라

甲 본인 → 乙 대리권소멸 후 → 대리행위 → 丙 상대방

선의, 무과실

첫째, 본질은 무권대리나 외관상 유권대리처럼 보여지는 것

둘째, 실제는 무권대리이나 상대방을 보호하기 위해 외관형성에 책임 있는 본인에게 책임을 귀속시킴(외관이론).

1. 특징(5개) ★★ 레벨3

① 족보가 무권대리 - 표현대리가 성립한다(본인이 책임진다)고 하여 표현대리가 유권대리로 전환되는 것이 아니다.

→ 유권대리의 주장 속에 무권대리에 속하는 표현대리의 주장 이 포함되어 있다고 볼 수 없다(전합).

② 표현대리는 본인이 아니라 상대방이 주장할 때 인정된다.

③ 표현대리에도 현명주의가 적용되므로 대리행위시에는 본인을 위한 것임을 표시하여야 표현대리가 성립한다.

④ 본인이 독박책임 → 표현대리가 성립하면 본인은 전적인 책임 을 져야 하고 상대방에게 과실이 있다 해도 과실상계를 주장하 여 본인의 책임을 경감할 수 없다.

⑤ 표현대리는 대리행위가 유효하여야 성립한다.

★★ 강행법규에 위반하는 대리행위를 하여 무효인 경우 표현 대리가 성립하지 않는다.

2. 종류

(1) 제125조 - 대리권 수여표시에 의한 표현대리

① 대리권 수여표시 - 장차 대리권을 수여하겠다는 관념의 통지다.

② 묵시적인 수여표시도 허용 - 본인이 타인에게 명의사용을 묵인

③ 통지받은 자와 대리행위를 할 것

(2) 제126조 - 권한을 넘은 표현대리

甲
본인
$\xrightarrow[\text{위임}]{\left(\begin{array}{c}\text{1억원}\\\text{대출}\end{array}\right)}$
乙
$\xrightarrow{\left(\text{매매}\right)}$
丙

- 기본대리권
- 월권대리
- 정당한 이유

① ★★ **기본대리권이 존재할 것** // 기본대리권이 없으면 무권대리이다.
  - ㉠ 임의대리권, 법정대리권, 일상가사대리권도 인정됨
  - ㉡ 제129조의 대리권 소멸 후의 표현대리권도 인정
  - ㉢ 대리인이 사자 내지 복대리인 선임권이 없는 대리인에 의해 선임된 **복대리인**도 기본대리권이 인정
② ★★ **월권하여 대리행위를 할 것**: 기본대리권과 표현대리행위는 동종일 필요가 없고 이종이어도 무방
  - ㉠ 자기명의로 매도한 사건: 본인으로부터 대출권한을 위임받은 대리인이 자기명의로 이전등기한 후 자신을 매도인으로 하여 매매한 경우 제126조의 표현대리는 성립할 수 없다. ★★
  - ㉡ 대리행위가 유효해야 하므로 강행법규에 위반하여 무효인 경우 표현대리는 불성립한다(대리행위가 토지거래허가제를 위반하여 무효인 경우 표현대리 불성립).
③ **상대방의 정당한 이유 존재**
  - ㉠ 정당한 이유의 존재시기는 대리행위가 행하여질 때의 사정을 객관적으로 판단한다.
  - ㉡ 부부간에는 서류입수가 용이해서 정당한 이유를 인정하지 않는 경향

(3) 제129조 - 대리권 소멸 후의 표현대리

대리인이 <u>대리권 소멸 후</u> 복대리인을 선임하여 복대리인이 상대방 (선의·무과실)과 매매한 때 본인이 책임 부담○

CHAPTER 05 무효와 취소

<u>01</u> 무효[효력요건을 못 갖추어 처음부터 효력이 없는 것]

1. 무효의 사유

> ① 반사회적 행위 · 불공정한 행위 · 불법조건이 붙은 계약
> ② 허위표시, ③ 강행법규를 위반, ④ 지역권에 저당권 설정 등

2. 무효의 종류 [레벨1]

> ① 절대적 무효 - 제103 · 104조, 불법조건이 붙은 계약 - 추인×
>   상대적 무효 - 비진의 단서, 허위표시   - 추인○
> ② 일부무효는 전부무효가 원칙이다.
>   ♦ 분할가능성이 있고 나머지만이라도 법률행위를 하였으리라는 가정적
>   의사가 인정되면 나머지는 유효다.
> ③ 확정적 무효 - 제103조, 불법조건이 붙은 계약, 허위표시
>   **불확정 무효(유동적 무효)** - 무권대리, 허가 전에 토지매매

3. 유동적 무효의 법리 [사례] [레벨3]

> **<허가 전>에 토지를 매매**
>
> 허가○ <유효> — 유동적 무효 — 불허가 <무효>

> ① 계약의 이행청구를 할 수 없다 - 토지인도, 등기청구를 할 수
>   없다. 장래 허가 조건부로 소유권이전 등기청구도 할 수 없다.
> ② 현재 무효라서 채권 · 채무가 없으므로 <u>채무불이행으로</u> 해제할
>   수 없고 손해배상청구도 할 수 없다.
> ③ 부수적 의무인 <u>협력의무위반으로</u> 계약 자체를 해제할 수 없으
>   나 손해배상청구를 할 수 있다.

④ **허가 얻은 후**에 계약금의 2배를 제공하고 해제할 수 있다.

⑤ 협력의무 – 부수적 의무다. 이행소송의 제기가 가능하다.
　㉠ 매수인의 대금제공과 매도인의 협력의무는 동시이행 아니다.
　㉡ 매수인이 매매대금의 제공 없이도 매도인에게 협력의무이행을 청구할 수 [**있다**/없다].
　★ 확정적 무효로 됨에 귀책사유 있는 자도 무효를 주장O
　★ 甲 – 乙 – 丙으로 중간생략합의하고 甲에서 丙으로 허가를 얻은 경우에도 각 매매는 확정적 무효다.
　★ 일정기간 내 허가받기로 약정한 경우, 허가받지 못하고 약정기간이 경과해도 확정적 무효로 되지 않는다.

4. 무효행위의 추인과 전환 ★★ 레벨2

① 무효인 행위를 추인하면 추인한 때부터 유효다.
　㉠ **전제조건**: 무효의 원인이 소멸한 후에 무효를 「알고」 추인하여야 한다.
　　강행법규 위반같은 절대적 무효가 아니어야 추인가능
　㉡ **방법**: 명시적·묵시적인 방법으로 할 수 있다.
　㉢ **추인의 시기**: 무효인 법률행위 추인은 무효임을 안 날로부터 3년이 지나야 할 수 있는 것은 아니다.
　㉣ **효력발생시기**: 추인한 때로부터 유효다.

✛추인의 총정리

1. **무효행위의 추인**: 추인한 때부터 유효다[무효인 채권양도에 대해서 채무자가 이를 승낙한 때는 (승낙시부터/처음부터) 효과가 발생].

2. **무권대리의 추인**: 처음부터 소급하여 유효다.

3. **무권한자의 처분행위를 권한 자가 추인**: 처음부터 소급하여 유효다.

4. **취소한 후의 추인**: 강박에 의한 증여를 취소하여 무효로 된 법률행위도 다시 무효행위의 추인할 수 있다.

② 무효행위의 전환 – 무효인 A행위를 유효한 B행위로 전환할 수 있다[법률행위가 불성립하면 전환이 허용될 수 없다].

<u>02</u> 취소

---

1. 개념

유효인 법률행위를 취소하여 처음부터 무효로 하는 것

2. 취소권

> ① **<u>취소권자</u>**는? <u>제한능력자</u>, <u>사기당한 자</u>, <u>법정대리인</u>, <u>상속인</u>
>
>   ㉠ 제한능력자는 법정대리인의 동의 없이 취소할 수 있다.
>
>   ㉡ 사기당한 자가 사망하면 취소권은 상속인에게 상속된다.
>
> ② **<u>취소의 상대방</u>**은? 계약체결한 상대방에게!!! [레벨1]
>   미성년자 甲이 법정대리인 乙의 동의 없이 丙에게 땅을 매각
>   하고 丙은 丁에게 양도한 때 - 취소권자는 甲과 乙이고 취소의
>   상대방은 丁이 아니라 丙이다. ★
>
> ③ **<u>취소방법</u>**은? 일방적 의사표시(형성권) / 일부 취소도 가능
>
> ④ **<u>취소기간</u>**은? 법률행위시부터 10년 내 / <u>추인할 수 있는 날부터</u>
>   <u>3년 내(사기사실을 안 날로부터 3년 내)</u>

3. 취소의 효과

> ① 취소한 때가 아니라 처음부터 소급하여 무효다.
>
> ② 부당이득반환의무 - 선의면 이익이 현존한도 / 악의면 전부
>   특칙 - **제한능력자**는 선의·악의 모두 현존한도로 반환한다.
>
> ③ 취소한 후의 추인 - 취소로 무효로 된 것도 무효행위의 추인O

4. 임의추인 - 취소할 수 있는 법률행위의 추인 레벨2

① 취소할 수 있는 행위를 추인한 후에는 다시 취소할 수 없다.

② **전제**

 ㉠ 추인은 <원인이 종료한 후>에 하여야 한다.
  다만, 법정대리인은 취소 <원인이 종료 전>에도 추인할 수 있다.

 ㉡ 취소권의 존재를 알고 추인해야 한다.

5. **법정추인**(일정한 사유가 있으면 법에서 추인으로 간주)

① **사유 6개**: <u>전부이행</u> / <u>이행청구</u> / <u>경개</u> / 강제집행 / 담보제공 / 양도

 ㉠ <u>취소권자</u>가 해야 법정추인으로 되는 것은? <u>이행청구</u>, <u>양도</u>

 ㉡ 법정추인 사유가 아닌 것?

  ⓐ 취소권자가 <u>이행청구</u>를 받은 때(상대방이 이행청구함)

  ⓑ <u>상대방</u>이 권리를 양도한 때

  ⓒ **장래 취소**로 받을 계약금반환청구권을 양도한 때

② 전제조건은?

 ㉠ 취소의 원인이 「<u>종료한 후</u>」 아무런 「이의유보 없이」 할 것

 ㉡ 취소권의 존재를 알고 있을 필요가 없다.

③ **법정추인의 효과**: 법정추인의 사유가 있으면 취소할 수 있는 법률행위는 확정 유효로 된다.

CHAPTER 06 조건과 기한

01 조건(불확실한 사실에 의존하는 효력발생요건이다)

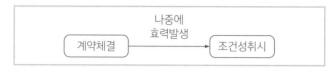

나중에
효력발생

계약체결 ➔ 조건성취시

---

1. 의의: 과거가 아닌 장래의 불확실한 사실에 의존

① 조건을 붙일 수 없는 법률행위 - 단독행위(해제, 상계)

 ㉠ 단독행위도 상대가 동의하면 조건을 붙일 수 있다.

 ㉡ 조건을 붙일 수 없는 법률행위에 조건을 붙이면 **무효다**.

 ㉢ 「저당권설정」에는 조건을 붙일 수 있다.

② 법정조건[당사자의 의사가 아니라 법률의 규정에 의해 붙여진 조건]
 - 진정한 조건이 아니다.

2. 조건의 종류 [레벨1]

① **정지조건**: 조건이 성취되면 **효력이 발생(유효)(+)**
 동산소유권 유보부매매는 할부대금이 모두 지급되는 것을 <u>정지</u>
 <u>조건으로</u> 매매한 것이다. 판례

② **해제조건**: 조건이 성취되면 **효력을 잃는다(무효)(-)**.
 「건축허가신청이 불허가되면 토지매매는 무효로 한다」는 조건
 은 해제조건이다.

③ 기성조건[이미 성취(+)]이 정지조건(+)이면? 유효(+)

④ 불능조건(-)이 해제조건(-)이면? 유효(+)

 ㉠ 기성조건(+)이 정지조건(+)인 때 ➔ (+) 유효

 ㉡ 기성조건(+)이 해제조건(-)인 때 ➔ (-) 무효

⑤ 반사회적인 조건이 붙은 법률행위는?
 조건만 분리하여 무효로 할 수 없고 법률행위 전체가 무효다.

3. **조건성취 전[조건부 권리의 보호]** [레벨2]

① 조건부 권리도 처분, 상속, 보존, 담보로 할 수 있다.

② 기대권의 보호 - 조건의 성취로 인하여 생길 상대방의 이익을 침해하지 못한다.

③ 신의칙 위반

　㉠ 조건성취로 <이익받을 자>가 신의칙에 반해 조건을 <성취> 한 때는 상대방은 조건의 **불성취**를 주장할 수 있다.

　㉡ 조건성취로 <불이익>을 받을 자가 신의칙에 반하여 조건성취를 방해한 때는 상대방은 <u>조건의 성취</u>를 주장할 수 있다. 이때 조건성취시기는? 방해가 없다면 조건이 성취되었으리라고 추산되는 시점이다.

4. **조건을 성취한 때** [레벨2]

① 입증책임은?

　㉠ 정지조건의 성취사실은 권리취득하는 자[주장자]에게 있다.

　㉡ 정지조건이 붙어있다는 사실은 법률행위의 효력을 다투는 자

　㉢ 법률행위에 어떤 조건이 붙어있는지는 조건을 주장하는 자

② 효력발생시기는?

　㉠ 특약이 없는 한 **조건이 성취한 때**부터다.
　　➔ 법률행위가 성립한 때가 아니다. ★

　㉡ 다만, **소급효특약**이 있을 경우 조건이 성취한 때가 아니라 법률행위가 성립한 때부터.

　㉢ 해제조건부 증여시 조건이 성취되면? ★

　　• 조건이 <u>성취한 때부터</u> 증여는 효력을 잃는다.

　　• 조건을 등기하지 않으면 제3자에 대항할 수 없다.

02 기한[장래 확실한 사실에 의존하는 효력발생요건이다]

1. 의의

甲이 사망하면 증여하겠다 - [<불확정 기한부 증여> / 정지조건]이다.

2. 종류

① 시기 - 기한이 도래한 때부터 **효력이 생긴다.**

② 종기 - 기한이 도래한 때부터 **효력을 잃는다.**

③ 불확정 기한 - 특약사실이 발생한 때나 발생이 <u>불가능</u>으로 확 **정된 경우에도** 이행기가 도래한 것으로 채무를 이행해야 한다.

★ 불확정한 사실의 발생시기를 이행기한으로 정한 경우, 그 사실의 발생이 불가능으로 확정된 경우에도 기한이 도래한 것이다.

3. 기한의 도래

① 기한도래 전의 기한부 권리 - 처분, 담보, 상속, 보존할 수 있다.

② 기한이 도래한 때로부터 효력이 생긴다.<절대로 소급효 불가>

4. **기한의 이익:** 채무자를 위한 것으로 **추정[간주가 아님]**

① 기한이익의 상실 사유는? - 채무자가 담보를 손상한 때

② 기한이익의 상실 특약 [레벨2]

  °「이자를 2기 연체하면 기한의 이익을 상실한다」는 약정시?

  ㉠ 정지조건부 기한이익상실 특약 - 특약사유가 발생하면 <u>즉시</u> 기한이익이 상실된다.

  ㉡ 형성권적 기한이익상실 특약 - 특약사유가 발생하면 **<u>채권자의 청구가 있어야</u>** 기한이익을 상실한다.

  ㉢ 기한이익상실 특약은 특별한 사정이 없는 때는 형성권적 기한이익의 상실 특약으로 추정한다.

5. 조건과 기한 ★★

① 둘 다 성립요건이 아니라 효력발생요건이다.

② 조건성취 전 / 기한도래 전? 처분, 담보, 상속할 수 있다.

③ 불확실한 사실에 의존 - 조건 / 확실한 사실에 의존 - 기한

④ 조건은 성취한 때부터 효력발생 / 소급효특약이 가능
   기한은 기한이 도래한 때부터 발생 / 소급효특약이 절대불가

PART
02

물권법

물권법 총론 체계도

1. 물권의 객체	1물1권주의
2. 물권의 종류	물권법정주의
3. 물권의 효력	물권적 청구권
4. 물권의 변동	등기 여부 / 등기제도
5. 물권의 소멸	혼동의 법리

★ 최근 5개년 2~3회 기출
★★ 최근 5개년 4~5회 기출

레벨1 난이도 하
레벨2 난이도 중
레벨3 난이도 상

CHAPTER 01 물권법 총론

01 물권의 의의 및 객체

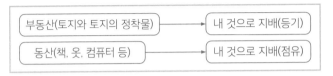

1. 물권의 의의

① 물건에 대한 배타적 지배권	[비교] 채권은 특정인에 대한 청구권
② 제3자에 대한 대항력	[비교] 제3자에 대항력×
③ 처분권 보장	[비교] 처분권 없음이 원칙

2. 물권의 객체(특정의 물건) - 1물1권주의 원칙 레벨1

① 부동산(토지와 토지의 정착물)과 동산
② 토지의 정착물로서 토지와 별개인 것
　⊙ **건물**: 토지에 부합하지 않고 별개의 물건이다.
　ⓒ **농작물**: 명인방법을 갖출 필요 없이 경작자의 소유다.
　ⓒ **명인방법을 갖춘 수목**: 소유권 공시○, 저당권 표시×
　ⓔ **등기된 입목**: 소유권 공시○, 저당권 공시○
③ 주물과 종물 - 종물은 주물의 처분에 따른다.
　⊙ 아파트 **전유부분**에 설정한 저당권은 **대지권**에 미친다.
　ⓒ 토지임차권자가 신축한 **건물**에 설정한 저당권의 효력은
　　토지의 임차권(지상권)에도 미친다.
④ **1물1권주의**: 1필 토지에 1개의 소유권이 성립
　⊙ 1필 토지의 일부에 소유권, 저당권이 성립할 수 없다.
　ⓒ 1필 토지 일부도 취득시효로 분할절차 거쳐서 소유권○
⑤ 물건 이외의 재산권(지상권, 전세권)도 물권의 객체다.

02 물권의 종류 - 8개가 법전에 명문화

물권은 법률이나 관습법 이외에는 임의로 창설하지 못한다(제185조 - 물권법정주의 원칙). ➡ 법률 관습법 으로 창설○

① 물권은 형식적 법률이나 관습법으로만 창설할 수 있다.
  ㉠ 법률 - 국회가 제정한 형식적 의미의 법률을 의미한다.
  ㉡ 명령, 규칙으로 물권을 창설할 수 없다.
  ㉢ 관습법으로 새로운 종류의 물권을 창설할 수 있다.
② 8개 - 점유권, 소유권, 용익물권(지상권·지역권·전세권)
              담보물권(유치권·질권·저당권)
③ 관습법상 물권 - 분묘기지권, 관습상 지상권
  ㉠ 관습상 물권이 아닌 것은? (암기 TIP) **무허가·온천·공·사!!!**
    __무허가__건물 양수인, 온천권, 공원이용권, __사__도통행권
  ㉡ 미등기무허가 건물의 양수인에게는 소유권등기를 경료하
    지 않는 한 소유권을 취득할 수 없고 소유권에 준하는 관습
    상 물권을 취득할 수 없다(대판). 무허가건물 양수인에게는
    [「민법」상 소유권 인정× / 세법상 사실상 소유는 인정]
④ **특별법상 물권**: 광업권, 어업권, 가등기담보권, 양도담보권

03 물권적 청구권 [레벨3] [중요판례 위주로 정리] / 너무 방대함

의의: 물권자가 방해자에게 반환, 제거, 예방 청구

(1) 법규정

① 명문규정 - <u>소유자는</u> 그 소유에 속한 물건을 <u>점유하는 자</u>에게 물건의 반환을 청구할 수 있다(제213조).

② 준용규정 - 제213조는 제한물권에 준용한다.

    ⊙ 점유권이 없는 저당권, 지역권에 제213조 준용×

    ⓛ 유치권에 준용규정이 없다. <u>유치권에 기한 반환청구×</u>

(2) 종류: 반환 / 방해제거 / 예방청구(3종세트)

① **반환청구**: 권원 없이 토지점유자에게 인도청구

② **방해제거**: 현재 계속되고 있는 방해의 원인제거를 말한다(이미 종결된 침해의 결과제거는 손배청구영역이다).

③ **방해받을 염려**: 방해예방비용청구를 할 수 없다(예방조치청구).

(3) 특성

① 물권과 물권적 청구권은 같이 이전하므로 물권과 분리하여 양도할 수 없다. - 소유권을 양도하면 물권적 청구권도 같이 이전하므로 **전 소유자**에게 물권적 청구권만을 유보할 수 없으므로 전소유자는 물권적 청구권을 행사할 수는 없다(전합).

② 방해자에게 고의, 과실이 있든 없든 인정된다.

③ 주체 - 현재 물권자

　㉠ 소유권이 없는 자 - 소유물반환청구를 할 수 없다.

　㉡ 건물을 신축으로 원시취득한 자로부터 매수하였으나 아직 **소유권등기를 갖추지 못한 자**는 그 건물의 불법점유자에게 **직접 소유권에 기한 명도청구를 할 수 없다.**

　㉢ 미등기건물을 매수한 자가 '**등기 전**'인 경우 불법점유자에 대하여 직접 소유물반환청구권을 행사할 수 없다.

　㉣ 소유권을 상실한 자는 물권적 청구권을 행사할 수 없다.

④ **상대방은?** 현재의 현실적 방해자[점유자]이다.

　㉠ 현재의 점유자에는 직접점유자, 간접점유자 포함

　㉡ 미등기건물 양수인도 철거청구의 상대방이 되는가?

　　甲의 토지에 乙이 무단으로 건물을 신축하여 丙에게 양도하였으나 등기 없이 <u>미등기로 건물을 양수한</u> 丙에게 **甲은 건물의 철거를 청구할 수 있다.** ★★

⑤ **행사기간:** 소유권에 기한 물권적 청구권은 기간의 제한이 없고 소멸시효에 걸리지 않는다.

　★ 점유물반환청구권은 1년 내에 행사하여야 한다.

(4) 특수문제

① 甲의 토지에 乙이 무단신축한 건물에서 거주하는 경우, 甲은 乙에게 <u>건물철거O/ 퇴거청구x</u>

② <u>토지소유자는</u> '대항력 갖춘 건물세입자나 전세권자'인 건물점유자에게 건물에서 퇴거를 청구할 수O(대판)

③ 甲[신탁자] - 乙[수탁자]이 丙[제3자]에 매각하였다가 우연히 다시 乙이 경매로 취득시? 소유권을 상실하였던 甲이 乙에게 소유물반환청구할 수 없다(전합).

④ 소유자가 말소등기의무자에 의해 소유권을 상실하여 소유권에 기한 등기말소를 구할 수 없는 경우, 그 의무자에게 <u>이행불능에 의한 전보배상청구권</u> 행사할 수 없다(전합).

⑤ 근저당권설정자인 종전의 소유자도 근저당권 설정계약의 당사자로서 근저당권설정등기의 말소를 구할 수 있는 **계약상 권리**가 있다(전합).

⑥ <u>甲토지를 매수한 乙이 미등기로 丙에게 전매시 甲은 매매로 점유할 권리가 있는 丙에게 소유물반환을 청구할 수 없다.</u>

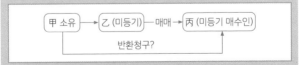

⑦ **진정명의회복을 원인으로 하는 이전등기청구권**: 소유권에 기한 방해 배제 청구권이다(전합).

<u>04</u> 물권의 변동(득, 실, 변경)

1. 형식주의 원칙 [레벨1]

① 매매합의와 등기, 인도 같은 형식을 갖추어야 물권이 이전한다
는 원칙을 말한다. <법률상 소유자>

② 매매합의하고 잔금지불하였으나 등기 전 매수인은 소유권을
취득할 수 없다. <세법 - 사실상 소유자로 처분권보유>

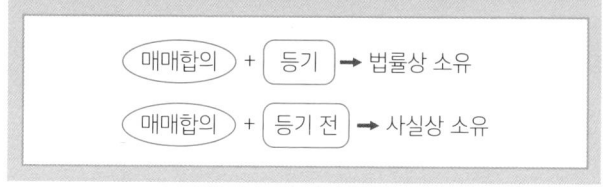

2. 등기의 공신력 부인 [레벨2]

甲소유 토지 ── 서류위조 → 乙(말소) ── 선의 丙(말소)

① 무효등기의 공신력이 없으므로 선의의 제3자는 소유권을 취득
할 수 없다.

② 진정한 소유자 甲은 乙의 등기와 제3자의 등기말소청구○
甲은 丙으로부터 진정명의회복으로 이전등기청구○

[원칙] 甲소유 땅 - 서류위조로 乙등기이전 - 선의 丙[무효]

[예외] 제3자 보호규정이 존재할 때 - 제3자가 유효하게 취득

　㉠ 甲 - [허위표시] - 乙이 - 선의 제3자에 매각시?

　㉡ 甲 - [양도담보] - 乙이 - 선의 제3자에 매각시?

　㉢ 甲 - [명의신탁] - 乙(수탁자) - 악의 제3자에 매각?

[「민법」상 제3자 보호 여부 총정리]

1. 선의 제3자 보호 안 될 때

↑

3. 선의 · 무과실일 때 | 제3자 보호 | 4. 선의 · 악의 불문

2. 선의 제3자 보호될 때

1. 선의 제3자 보호 못 받는 때?

① 서류 위조

② 절대적 무효인 때

③ 제3자를 위한 계약에서 기본관계가 무효인 때

2. 선의 제3자 보호받는 때?

① 허위표시의 무효는 선의 제3자에게 대항 못한다.

② 착오 · 사기 · 강박의 취소도 동일

3. 선의 · 무과실이어야 보호받는 경우?

① 등기부 취득시효

② 동산의 선의취득

③ 표현대리에서 제3자

4. 선의 · 악의 불문하고 제3자가 보호받는 때?

→ 명의신탁약정의 무효는 선의 · 악의 불문하고 제3자에게 대항 못한다.

제186조 법률행위(등기 ○) : 제187조 법률규정(등기 ×)

3. **법률행위로 인한 물권변동** - 등기하여야 효력이 생긴다.

  <등기는 물권의 효력발생요건이지 존속요건이 아니다>

  <등기가 원인 없이 불법말소되어도 물권은 소멸하지 않는다>

  ① '매매계약, 교환계약, 예약완결권의 행사'로 소유권의 취득
  ② '저당권설정계약'으로 인한 저당권 취득 · 지상권설정계약
  ③ 공유지분(합유지분)의 포기에 의한 물권변동
  ④ **소유권이전등기의 이행을 명하는 판결**(이행판결)
  ⑤ **공유물의 '협의분할'로 소유권 취득, 공유물의 '조정'**
  ★★ 점유취득시효 완성의 경우, 등기하여야 취득한다.

  🔖암기 TIP ㉙ · ㉤ · ㉛ · ㉑ · ㉠ · ㉤ – 해줘야 등기이전 됨!!!

4. **법률규정으로 인한 물권변동** - 등기 없이 물권변동

  ① 형성판결 / 수용 / 상속 / 경매
  ② 신축으로 건물소유권취득
     혼동에 의한 물권의 소멸, 채권의 변제로 저당권의 소멸
     기간만료에 의한 용익물권의 소멸(말소등기 없이 소멸)
  ③ 법정지상권의 취득, 전세권의 **법정**갱신, **법정**저당권의 취득,
     관습법상 **법정**지상권 취득
     해제(취소)로 소유권이전등기 없이 매도인에게 복귀
  ④ **집합건물**에서 ㉓용부분의 득실변경에는 등기를 요하지 아니한
     다. 집합건물에서 ㉠분소유권의 취득

5. 등기청구권 [레벨2] / <비교> 등기신청권[등기소에 하는 공법상 권리]

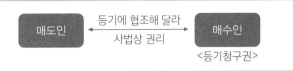

(1) 등기청구권의 성질

<채권적 청구권>	① 법률행위로 인한 때(**매매, 중간생략시**) ② 점유**취득시효**로 인한 때

<물권적 청구권>	① 실체와 등기가 불일치한 때 **진정명의회복** ② 계약의 해제·취소·합의해제시 **말소청구**

(2) 등기청구권이 소멸시효에 걸리지 않는 경우

① 매수인이 부동산을 인도받아 '점유'하는 경우

② 매수인이 점유하다가 다시 전매하여 <점유를 상실시>?
→ 전매라는 적극적인 권리행사로 시효에 걸리지 않는다.

(3) 등기청구권의 양도 - 통상의 채권양도 통지로 가능한가?

구분	성질	등기청구권의 양도요건
매매인 경우	채권적 청구권	매도인의 승낙을 요건O
취득시효인 경우	채권적 청구권	소유자의 승낙을 요건×

6. 등기제도(분량이 방대함, 기출문제의 주요논점만 정리) ★★

(1) 2중 보존등기

① 선등기가 유효이고 뒤에 경료된 후등기

→ **실체에 부합하는지와 관계없이** 무효

② 뒤에 경료된 후등기를 기초로 등기부 취득시효를 할 수 없다(전합).
→ 1부동산 1용지 원칙에 위반되므로

(2) 실체에 부합하는 등기

① 甲이 乙에게 실제는 증여이나 매매로 가장하여 소유권이전
→ 실체와 일치하여 유효

② 甲이 신축하여 원시취득한 건물을 등기 없이 매수한 승계취득자 乙명의로 소유권보존등기
→ 실체와 일치하여 유효

③ 甲이 **신축건물을 완성하기 전** 미리 소유권보존등기를 경료
→ 유효

④ 전세권자가 **전세기간 시작 전** 미리 전세권등기를 경료
→ 유효로 추정

(3) 무효등기의 유용(무효인 등기를 당사자 합의로 재활용)

① 멸실건물의 구등기를 신축건물의 등기로 유용 안 된다.

② 이해관계 있는 제3자가 없을 때 유용할 수 있다.

③ 무효인 가등기를 유효한 가등기로 전용키로 한 약정
→ '그때부터 유효'하고 소급해서 유효로 할 수 없다.

(4) 가등기 - 채권적 청구권 보전을 위하여 허용된다.

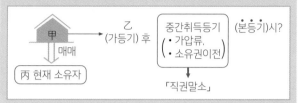

① <본등기 전> 가등기 - 실체법상 효력이 없다.

  ㉠ 가등기에 기해 중간취득등기의 말소청구를 할 수 **없다.**

  ㉡ 가등기가 있다고 하여 매매가 **추정되지 않는다.**

  ㉢ 가등기 상태로 가등기를 **양도할 수 있다.**

  ㉣ 가등기도 **소멸시효로 소멸한다.**

② 본등기의 상대방은? 가등기 당시의 소유자이다!!

③ 본등기를 경료하면?
  ➡ 물권변동 시기는 [가등기시로 소급 / **본등기한 때부터**]

④ 가등기에 기하여 본등기를 경료하면 중간처분등기[가등기 후 **가압류, 소유권이전등기**]는? ➡ 직권말소 된다.

(5) 중간생략등기

$$ 甲 ---- 매매 ---- 乙 ---- 매매 ---- 丙 $$

① 중간생략등기 합의는? 단속규정위반으로 불법이다.
 → 다만, 사법상 무효가 아니다.

② 중간생략등기 합의는? 등기를 미등기로 경료한다는 의미일 뿐 매매당사자는 (甲, 乙)이다. (비교) 계약인수(甲 : 丙)

 → 甲의 乙에 대한 매매대금채권이나 乙의 甲에 대한 등기청 구권은 소멸하지 않는다. 乙이 인상된 대금미지급시 甲은 丙 의 등기요구를 거절할 수 [있다 / 없다].

③ 乙의 등기청구권을 양도하기위한 요건은?

 → **甲의 승낙**이 요건이므로 **甲에게 채권양도의 통지**만 한 경우 **丙은 직접 甲에게 소유권이전등기를 청구할 수 없다.**

④ 허가구역 내 – 토지거래허가를 얻어도 확정적 무효다.

⑤ 중간생략등기합의 없이 이미 이전등기시? 유효하다.

⑥ 3자합의 있으면 丙은 직접 甲에게서 이전등기

(6) 등기의 추정력

① 甲에서 증여를 원인으로 乙에게 소유권이전등기경료시?
   현재 등기명의인은 적법한 소유자로 추정된다(당사자간에 추
   정력을 원용할 수 있다).

② 등기원인 <증여>가 적법하다고 추정된다.
   이를 다투는 측에서 원인무효사유를 입증하여야 한다.

③ 저당권의 등기가 경료되면 그 담보물권의 존재 자체뿐만 아니
   라 이에 상응하는 피담보채권이 존재하는 것으로 추정된다.
   다만, 근저당권등기가 행해지면 그 피담보채권을 성립시키는
   기본계약의 존재는 추정되지 않는다.

④ 가등기가 있는 경우 - 소유권이전등기를 청구할 어떤 법률관계
   (매매)가 있다고 추정되지는 않는다.

⑤ 대리에 의한 매매의 경우 - 소유권이전등기의 대리권존재가 추정
   된다.

⑥ 소유권이전등기의 경우 - 소유권이전등기명의인은 '제3자'에 대
   하여 뿐만 아니라 '전소유자'에 대하여도 매매, 증여 같은 적법
   한 등기원인에 의하여 소유권을 취득한 것으로 추정된다. ★★

⑦ 등기의 추정력이 깨어지는 경우

   ㉠ 건물보존등기에서 전소유자가 양도사실을 부인할 때

   ㉡ 건물의 소유권보존등기의 명의자가 건물의 신축자가 아닌
      것임이 증명된 경우

   ㉢ 소유권이전등기의 원인으로 주장된 계약서가 진정하지 않
      은 것으로 증명된 경우 / 망자명의로 신청 / 허무인명의로
      신청

   ㉣ 공유에서 분모의 합과 분자의 합이 다른 경우

(7) 등기 – 물권의 효력발생요건이고 존속요건이 아니다(대판).
→ 소유권등기가 불법으로 원인 없이 말소되어도 소유권은
[<u>소멸하지 않는다</u> / 소멸한다].

(8) 아파트 전유부분 면적 표시가 잘못된 경우? 표시 경정등기로
해결한다.

05 물권의 소멸 [레벨2]

1. 목적물의 멸실

토지의 포락 – 토지가 해면 아래에 잠김으로써 토지로서의 효용을
상실하면 종전의 소유권이 영구히 소멸되고, 다시 성토되어도 종
전의 소유자가 다시 소유권을 취득할 수는 없다.

2. 물권의 포기

① 소유권의 포기, 공유지분의 포기는 법률행위로 인한 것이므로 등기
를 하여야 효력이 생긴다.
② 지상권이 저당권의 목적인 경우?
→ <u>지상권을 포기</u>하려면 <u>저당권자의 동의</u>를 얻어야 한다.

3. 혼동 – 동일인에게 양립할 수 없는 두 개의 지위가 발생

(1) 소유권과 제한물권의 혼동 – 제한물권이 소멸한다.

① 甲소유의 토지에 **제한물권**(지상권 · 전세권 · 저당권)을 가진
乙이 매매로 토지<u>소유권</u>을 취득한 경우? **제한물권은 혼동으로
소멸한다.** ★
② 甲소유의 토지에 대하여 양도담보권자 乙이 청산금을 지급하
여 소유권을 취득한 경우? **양도담보권은 소멸** ★

③ 甲소유 토지에 **乙이 1번 저당권, 丙이 2번 저당권**을 가진 때

　㉠ 丙이 토지소유권을 매매로 취득한 경우 **2번 저당권**은 소멸

　㉡ 乙이 소유권을 매매로 취득한 경우 **1번 저당권**은 존속

④ 甲소유 건물의 임차인 乙이 매매로 소유권을 취득한 경우 **임차인 乙의 보증금반환청구권**은? 혼동으로 소멸한다.

⑤ 근저당권자가 소유권을 취득하면 그 근저당권은 혼동으로 소멸하지만 소유권취득원인이 무효인 경우 소멸하였던 근저당권은 부활하므로 **근저당권은 소멸하지 않는다**.

(2) 지상권과 저당권의 혼동

甲소유 토지에 乙이 지상권, 그 지상권을 목적으로 **丙이 저당권**을 가진 경우?

① **저당권자 丙이 지상권을 취득**하게 되면? 저당권이 소멸한다.

② **지상권자 乙이 소유권**을 매매로 취득하면? 지상권은 소멸 안한다.

(3) 점유권의 혼동

점유권자가 토지소유권을 취득한 경우 – 점유권은 혼동으로 소멸하지 않는다. ★★

(4) 가등기에 기한 본등기 경료 않고 별개로 소유권등기한 경우?

가등기에 기한 본등기 절차에 의하지 않고 별도의 본등기를 경료받은 경우 ➡ 제3자 명의로 중간처분의 등기가 있다면 **가등기에 기한 본등기 절차의 이행을 구할 수 있다**. ★

CHAPTER 02 물권법 각론

01 점유권

1. 의의(물건에 대한 사실상 지배)

① 직접점유와 간접점유 - 지상권·전세권·임대차 기타 점유매개로 타인으로 하여금 물건을 점유하게 한 자는 간접점유이다.

사례 임대인 - [매개관계] - 임차인 - [매개관계] - 전차인

⑦ 전차인은 직접점유 / 임대인과 임차인도 간접점유
ⓒ **점유매개자(임차인이나 전차인)는 타주점유자**
ⓒ 매개관계는 **중첩적으로 존재**할 수 있고 무효여도 좋다.

② 점유주와 보조자(직원)
➔ 보조자는 점유권이 없고, 점유주가 점유자이다.

③ 피상속인이 사망하면 **사망한 시점부터** 상속인이 점유

④ 건물의 부지는 건물의 소유권자가 점유한다. 건물을 공동점유하면 건물의 부지도 공동점유

2. **점유의 종류(자주점유와 타주점유)** [레벨1]

① 소유의사로 하는 점유<자주점유>

⑦ 소유의사 유무의 판단기준
➔ **권원의 성질**에 따라 객관적으로 결정(전합)
ⓒ 토지매가 무효인 사정을 알지 못한 매수인의 점유 <자주>
ⓒ 권원의 성질이 불분명한 경우 <자주>
② 인접경계를 소량 침범한 경우 <자주>
ⓜ 매도인이 아닌 타인소유물을 매수한 자의 점유 <자주>
ⓗ **점유자 스스로 매매를 주장했으나 권원이 부인**된 경우 <자주>

② 소유의사 없이 점유<타주점유>

> ㉠ 토지의 임차권자, 지상권자, 분묘기지권자의 점유 <타주>
>
> ㉡ 학교법인의 기본재산을 **허가없이 처분함을 알면서 (무효인 정을 알면서)** 매수한 자의 점유 <타주>
>
> ㉢ 명의수탁자의 점유 <타주>
>
> ㉣ 권원없이 무단으로 점유를 개시한 경우
>
> ㉤ 토지를 매도하여 타인에게 인도의무를 지고 있는 토지매도인의 점유 <타주> / 토지를 경락받은 경우에 종전 소유자의 점유 <타주>
>
> ㉥ 인접경계를 상당부분 초과하여 점유하는 경우 <타주>

③ 선의점유와 악의점유(본권 없음을 알면서 점유)

> 선의점유자가 본권에 관한 소송에서 패소하면?
>
> ➡ [소제기한 때부터 / **패소한 때부터**] 악의점유다.

3. 점유의 효력

(1) 점유의 추정력 〔레벨2〕　　암기 TIP　〔선〕·〔자〕·〔평온〕·〔계속〕추정!!

> ① 선의, 자주, 평온, 공연, 계속이 추정된다(제197조).
>
> ㉠ 점유자에게 <u>무과실의 점유</u>는 추정되지 않는다.
>
> ㉡ 점유자는 **자주점유를 입증할 책임**이 [있다 / 없다].
>
> ② 권리적법추정 - 점유자가 점유물에 대하여 행사하는 권리는 적법하게 보유한 것으로 추정한다<동산에만 적법추정력이 인정되고 부동산에는 적법추정력이 없다>.

(2) 점유자와 회복자의 관계 [레벨3]

① 과실수취권 - 매매가 [**무효, 취소시**] 적용 / [**해제시**] 매수인에게 과실취득권×

  ㉠ 선의점유자는 점유물의 **과실을 취득**한다(토지사용으로 소유자에게 손해입혀도 점유자는 토지사용으로 인한 이득을 <u>부당이득으로 반환의무가 없다</u>).

  ㉡ 악의점유자는 **과실을 반환**하여야 한다[폭력, 은비도 동일].

  ㉢ 악의점유자의 대가보상 - 점유자가 과실을 소비하였거나 <u>과실로(잘못으로) 과실을 수취하지 못한 경우</u> 과실의 대가를 보상한다.

② 점유물의 멸실책임

  ㉠ <u>선의이고 자주점유는</u> **현존한도에서 책임** 보기TIP 선자!!

  ㉡ <u>선의이나 소유의사 없는</u> 타주점유자는 **손해전부 책임**

③ 비용상환청구권 - <u>선의·악의 점유 불문</u>하고 인정된다.

  ㉠ 필요비 - 점유자가 필요비를 지출한 경우 **점유물을 반환할 때** 청구한다(단, 과실취득한 경우 필요비청구×).

  ㉡ 유익비 - 가액의 증가가 현존한 경우에 한해 **회복자의 선택**에 따라 청구(지출금액이나 가치증가액 중 하나)

  ㉢ <u>유익비</u>는 법원이 <u>상환기간을 허여할 수 있다.</u>
  (필요비는 상환기간의 허여가 안 됨) ★

  ㉣ 비용상환청구의 상대방은 <u>회복 당시의 소유자</u>이다.

점유자의 비용상환청구	물건반환시	회복자
임차인의 필요비상환청구	즉시	계약상대방

4. 점유보호청구권(점유물반환청구권) 암기 TIP 점·반·청!!

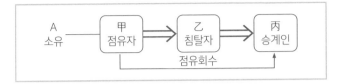

① 점유자가 점유의 침탈을 당할 것
   ㉠ 사기로 인도시 침탈이 아니므로 점유회수할 수 없다.
   ㉡ 직접점유자가 임의로 인도시 침탈이 아니므로 회수×
② 점유물반환청구권은 1년 내에 해야 함<출소기간이다>
③ 甲의 점유를 乙이 침탈하여 선의 승계인 丙에게 인도시?
   ㉠ 점유자 甲은 선의인 丙에게 점유물반환청구할 수 없다.
   ㉡ 점유자 甲은 악의인 丙에게 점유물반환청구할 수 있다.
   ㉢ 간접점유자도 점유물반환청구할 수 있다.
   ㉣ 선의인 승계인 丙에서 악의인 전득자 丁이 점유시?
     甲은 악의인 丁에게 점유회수할 수 없다(엄폐물의 법칙).
④ 점유권에 관한 소는 본권을 이유로 재판할 수 없다.

02 소유권

1. 소유권의 의의
2. 상린관계 ★ [주위토지통행권]
3. 취득원인 ★★ [취득시효 / 부합] 기타
4. 소유물반환청구권
5. 공동소유 ★★ [공유 / 합유 / 총유]

1. 소유권의 의의

(1) 물건을 사용·수익·처분할 수 있는 권리

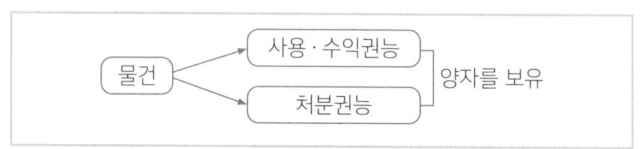

물건 → 사용·수익권능 / 처분권능 — 양자를 보유

(2) 소유권자가 사용·수익권을 영구히 포기하는 약정은 무효

(3) 지적도로 경계를 확정함이 원칙이나 기술적 착오로 인한 때는 현실의 경계로 확정

2. 상린관계

(1) 서로 인접한 부동산의 이용관계를 법률로 규율 [레벨1]

① 등기를 할 수 없고 소멸시효에 걸리지 않는다.
소유권에 규정 있고 지상권과 전세권에 준용된다.

② 담의 설치비용은 절반씩 부담하나 **측량비는 면적에 비례하여 부담**

③ 경계에 설치된 경계표, 담은 **공유로 추정**하나 일방의 단독비용으로 설치되거나 담이 건물의 일부면 **단독소유**다.

④ 수목의 가지가 **경계를 넘은 때는** 가지제거를 청구O

⑤ 건물을 축조할 때 가장 돌출된 경계로부터 반m 이상 거리를 두어야 한다. / **건물완성 후 철거를 청구할 수 없다.**

⑥ 수도시설권-법정요건이 갖추어지면 당연히 인정되고 인접토지 소유자의 승낙 없이 시설할 수 있다.

⑦ 생활방해가 수인한도[참을 한도]를 넘으면-방해자에 대하여 방해의 제거나 예방을 청구할 수 있다.

⑧ 토지소유자는 자연히 흐르는 물을 인용해야 한다[승수의무] - 적극적으로 물의 소통을 유지할 의무까지는 부담하지 않는다.

⑨ 지하시설을 하는 경우 경계로부터 2m 이상 거리를 두어야 한다는 제244조 규정은 강행규정이 아니므로 이와 다른 내용의 당사자간의 특약은 유효하다.

(2) 주위토지통행권<특강> 제219조

甲(통행권자)
乙(통행지 소유자)

① 요건? 통로가 없는 경우, **통로가 있으나 토지이용에 부적합**

② 통행권자? 소유권자와 **적법한 사용권자**(지상권, 임차권자) **토지의 불법점유자**는 안 됨, 대외적 소유권이 없는 신탁자도 안 됨

③ 내용? 통로를 개설○ - 통로 개설비용은 **통행권자**가 부담한다.

④ 보상? 통행지소유자는 <통행권자에게> 보상을 청구○
토지의 **분할자 상호간**에는 무상통행권이 인정
분할자로부터 승계인에게 무상통행권이 인정되지 않는다.

⑤ 기존의 통로보다 더 편리하다는 이유로 통행권 인정×. 장래의 토지이용상황에 미리 대비하여 통행권 인정×

3. 취득원인 [레벨3]

(1) 점유취득시효 - 일정기간 점유하면 법률이 선물!!!!

① 국유(일반재산)는 취득시효○, 집합건물의 **공용부분×**, 행정재산×

② 점유를 요소로 하지 않는 **저당권**은 취득시효를 할 수 **없다.**

③ 20년간 점유(소유자의 **변동 없으면** 기산점을 선택○) / 전 점유자의 점유개시시점은 선택할 수 있으나 임의로 중간시점은 선택할 수 없다.

④ 시효완성해도 점유자에게 **등기해야** 소유권을 원시취득한다.

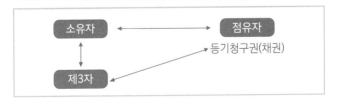

(2) 핵심쟁점 5개

① 시효완성되면 점유자에게 <u>**등기청구권(채권)**</u>이 발생한다.

 ㉠ 점유자가 <u>점유</u>를 하면? 소멸시효에 안 걸린다.

 ㉡ <u>점유를 상실</u>시? 즉시 아니라 **10년 후** 소멸시효○

 ㉢ 시효완성자로부터 **점유를 승계한 자?** 직접 등기청구권을 행사할 수 **없고 시효완성자를 대위하여** 이전한다.

 ㉣ 등기청구권의 양도? <u>소유자의 승낙 없이</u> 통상의 채권양도 통지로 할 수 있다. 판례

② **등기청구의 상대방은?** 시효완성 당시의 <u>**진정한 소유자**</u>

 ㉠ <u>시효완성된 후</u> 소유자가 **제3자**에게 토지처분시?
  ➡ 점유자는 제3자에게 취득시효를 주장할 수 없다.

 ㉡ 제3자명의 <u>소유권등기가 무효</u>? 상대방이 될 수 없다.

 ㉢ 제3자에 **처분했다가** <u>원소유자에 회복</u>시? 상대방이 됨

③ **원소유자가 제3자에게 처분한 경우**

 ㉠ **원칙1:** 완성 전(진행 중) 처분한 경우 점유자는 완성 당시 명의자인 제3자에게 취득시효를 주장할 수 있다.

 ㉡ **원칙2:** 시효완성 후 처분한 경우 점유자는 제3자에게 취득시효를 주장할 수 없다.

  판례 수탁자명의였다가 명의신탁을 해지하여 신탁자에게 소유권이 변경된 경우? 점유자는 시효완성 후의 제3자인 신탁자에게 대항할 수 없다

 ㉢ **원칙3:** 2차 취득시효 - 완성 후 제3자에게 처분한 경우 그 때를 기산점으로 새롭게 20년 경과한 때 점유자는 제3자에게 2차 취득시효 주장○

④ 소유자가 등기경료 전의 시효완성자에게 토지인도청구 하나?

　⊙ 소유자는 시효완성자에게 **토지인도청구**할 수 없다.

　ⓛ 소유자는 시효완성자에게 **부당이득반환청구**할 수 없다.

　ⓒ 소유자는 시효완성자에게 **건물철거청구**할 수 없다.

⑤ 원소유자가 시효완성된 토지를 제3자에게 처분시 책임 소재?

　⊙ 원소유자와 점유자간에 계약상 채권·채무관계가 성립하지 않으므로 **채무불이행책임은 성립하지 않는다.**

　ⓛ 원소유자가 시효완성을 알고(점유자가 등기요구시) 처분하면 **불법행위책임을 부담한다.**

<주의1> ★★ 시효진행 중 경료된 가등기는? [레벨2]

시효진행 중 경료된 가등기	점유자가 원시취득하므로 **아무 제한 없는** 소유권을 취득한다. 다만, 점유자가 등기를 미루는 사이에 시효완성 **후** 가등기로 본등기를 경료한 자(새로운 제3자)에게 점유자는 취득시효를 주장할 수 **없다**(대판).
시효완성 후 저당권 설정	점유자는 **제한물권의 부담을 떠안고** 취득한다. 이때 점유자가 저당채무를 변제한 것은 부담을 제거하고자 자기이익을 위한 것으로 채무자에게 구상권이나 부당이득반환청구할 수 없다(대판).

<주의2> ★★ 부동산에 대한 가압류는 취득시효가 중단되나?

　점유를 파괴하는 것이 아니므로 **취득시효를 중단시키지 않는다.**

<주의3> ★ 시효이익의 포기 – 시효완성 당시 진정한 소유자에게 할 것

시효완성자가 "어떠한 권리도 주장하지 않겠다는 내용의 각서"를 작성한 경우 – 상대방의 소유를 인정하고 "소를 취하"한 경우는 시효이익의 포기다.

(3) 등기부 취득시효 레벨1 A[소유자] - B[무효등기] - C[등기 후 10년]

① 부동산의 소유자로 **등기한 자가(무효등기도 가능)** <10년간> 소유의사로 **선의이며 과실없이 점유**한 때는 소유권을 취득한다.

② 2중보존등기 중 뒤에 경료된 보존등기를 기초로는 등기부 취득시효 완성을 주장할 수 없다(전합).

③ 10년간은 반드시 자기명의이어야 하나?
➡ 앞사람의 등기기간을 합쳐서 10년이면 된다(전합).

④ 점유자에게 선의는 추정되나, **무과실의 점유는 추정되지 않으므로** 점유자 자신이 입증해야 한다.

(4) 부합 레벨1 - 기존물건의 구성부분으로 된 것[독립성 ×]

① 부동산 + 동산(타일이 **건물의 구성부분으로 된 때**) - 부합물

② 기존건물에 증축부분이 **독립성 없는 구성부분**으로 되면? 부합

③ 타인(임차인)이 **권원에 의하여** 욕실바닥에 고가의 타일을 붙인 경우 부합물의 소유권은? 부동산소유자에게 귀속

④ **특수문제**

   ㉠ 건물 - 토지에 부합하지 않는다.

   ㉡ 권원없이 심은 **수목** - 토지에 부합한다.

   ㉢ **농작물** - 명인방법을 갖출 필요없이 **경작자 소유**다.

   ㉣ 시멘트 - 시멘트가 제3자의 건물공사에 쓰인 경우?

     ➡ 제3자는 악의여도 **부합물의 소유권을 취득**한다.

     ➡ 제3자는 선의취득요건을 갖추면 **부당이득반환의무도 없다.**

   ㉤ 부합으로 소유권을 잃은 자는 부합물의 소유자에게 부당이득규정에 따라 「보상을 청구」할 수 있다.

(5) 기타 - 가공 / 매장물의 발견 / 유실물의 습득 / 무주물의 선점

4. 소유물반환청구권

소유물반환청구권 (제213조)	기간제한 없다. 승계인이 선의여도 가능
점유물반환청구권 (제204조)	1년 이내. 승계인이 선의면 반환청구×

5. 공유

(1) 공유 지분

① 지분은 소유권의 비율 / 1인의 독점사용권이 인정 안 된다.
② 지분의 처분(양도, 저당권 설정)? **공유자의 동의 없이** 가능
③ 1인이 포기한 지분은 국가가 아니라 **다른 공유자**에 귀속

(2) 공유물의 이용관계 [레벨2]

첫째, 보존행위(각자 단독으로)

① 제3자가 공유물을 불법점유**하는 경우**, 각 공유자는 보존행위를 근거로 단독으로 공유물 **전부의 인도**를 청구할 수 있다.
② 공유물이 제3자에게 원인무효의 소유권이전등기가 경료된 경우, 공유자는 **보존행위로 (전부말소)**청구할 수 있다.
③ 공유부동산을 **공유자 1인이** 동의없이 제3자에게 매도한 경우, 처분행위를 한 **자신의 지분범위 내에서** 유효다**(전부말소청구×)**.
④ 소수공유자 1인이 협의 없이 공유물을 배타적으로 독점 사용시, 다른 소수지분권자는 공유물의 인도청구를 할 수 있나?
  ㉠ 소수지분권자 1인이 독점 사용하는 것은 위법상태다.
  ㉡ 다른 소수지분권자는 **지분권에 기한 방해배제청구**로 위법상태를 시정할 수 있다.
  ㉢ 다른 소수지분권자는 보존행위로 공유물의 <u>인도</u>를 <u>청구할 수 없다</u>**(전합)**. (종전 - 인도청구를 할 수 있다)
  ㉣ 다른 소수지분권자는 지분비율로 **부당이득반환을 청구**할 수 있다.
⑤ 甲, 乙이 1/2씩 공유건물을 甲이 독점사용시 = 위와 동일하다.

둘째, 관리행위(공유자의 수가 아닌 공유지분의 과반수)

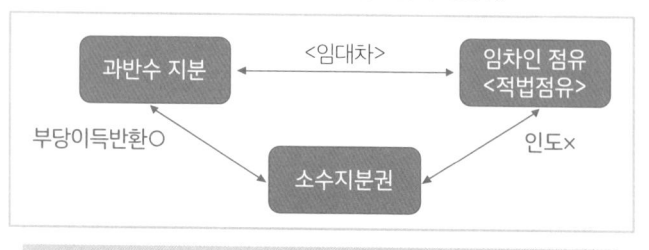

① 「**과반수지분권자**」로부터 사용·수익을 허락받은 제3자의 점유는 <u>적법점유</u>다(소수지분권자가 임대시 불법점유).

② 소수지분권자는 제3자인 임차인에게 토지**인도청구할 수 없고, 부당이득반환청구할 수 없다.**

③ 소수지분권자는 <u>**과반수지분권자에게**</u> 부당이득청구O

④ 공유물의 임대차를 해지, 갱신요구를 거절은 <u>관리행위</u>다.

⑤ 「**소수지분권자**」가 제3자에게 임대하여 제3자 점유시? 다른 공유자는 제3자에게 공유물 인도, 부당이득청구O

⑥ **공유물관리특약**: 원칙적으로 승계인에 승계된다. 다만, 지분권의 본질적 침해를 하는 특약은 승계 안 됨

셋째, 처분행위(공유자의 전원동의) ◐[지분 처분 - 단독으로]

공유하는 나대지에 건물건축하는 행위는? **처분행위**에 속한다.

(3) 공유의 주장

① **자신의 지분권을 주장**하는 경우 - 공유자 단독으로 제3자의 취득시효를 중단시킬 수 있다. 제3자의 등기말소청구O

② 공유자甲이 <u>乙의 지분을 주장</u>하는 경우(**다른 공유자의 지분권을 주장하는 경우**) - 보존행위가 아니므로 **단독으로 할 수 없다.**

(4) 공유물의 분할 [레벨2]

① 각 공유자는 언제든지 공유물의 분할을 청구할 수 있다.
   단, 5년 기간 내에 <불분할 약정을 유효>하게 할 수 있다.

   ★ 법률로 **분할청구가 금지**된 경우? 아파트 공용부분

② 협의분할 - **등기해야** 단독소유권 취득한다.
   조정절차에서 조정이 성립한 경우 - 합의사항을 조서에 기재하여 **등기를** 마쳐야 **단독소유권이** 발생한다(전합).

③ 재판상 분할 - 협의가 성립하지 않을 것을 조건으로 성립하는 형성판결이다. <u>판결 즉시 등기없이</u> 소유권이 발생한다.

④ 분할의 효과(공유에서 단독소유로 전환)

   ㉠ 분할로 인하여 취득한 물건에 관하여 **지분의 비율로 담보책임**을 진다.

   ㉡ 공유토지에 설정된 저당권은 공유물이 분할되면 저당권은?
      분할된 토지에 종전비율로 그대로 존속하고 **저당권설정자 앞으로 분할된 토지에 집중하지 않는다.**

   ㉢ 건물이 있는 <u>공유대지가 분할</u>[전원 동의요함]되어 단독소유로 된 경우에, 건물소유자에 관습상 지상권이 성립한다.

6. 합유와 총유 [레벨1]

① **합유**(조합원이 출자하여 동업목적으로 물건을 소유하는 형태)
  ㉠ 합유물의 처분 - 합유자 **전원의 동의 있어야** 한다.
  ㉡ 합유지분의 처분 - 전원 동의 없이 합유지분을 처분하지 못한다. <공유와 달리 **자신 지분 내에서 유효가 아니고 무효다**>
  ㉢ 합유물은 분할이 금지된다.
  ㉣ 조합원의 지위는 상속×
  ㉤ **합유지분의 포기**는 법률행위이므로 **등기하여야** 효력이 생긴다.

② **총유**(교회, 종중재산의 소유형태: **비법인사단**이라 함)
  ㉠ 구성원에게 지분이 없고 **지분처분×, 상속×**
  ㉡ 총유물의 관리, 처분은 종단총회의 결의가 있어야 한다.
  ㉢ 총유물의 **보존행위, 소송은 구성원개인이 단독으로 할 수 없다.**
  ㉣ 일부 교인이 교회에서 탈퇴한 경우 재산권은 분열당시의 교인들의 총유가 아니라 **잔존교인들의 총유다.**

03 지상권

1. 의의: 건물, 공작물, 수목을 소유하고자 타인의 토지사용권

> <건물, 공작물, 수목 소유>
>
> 지상권 ──────────────────── 지상권자
> 설정자
>
> ① 토지를 점유하여 사용하는 권리 / 건물, 공작물, 수목을 소유
> ② 수목을 소유하기 위하여 **구분지상권은 성립할 수 없다.**
> ③ <u>건물이 멸실, 수목이 존재하지 않아도</u> 지상권은 존속

2. 지상권의 취득 및 존속기간 [레벨1]

> ① 법률행위에 의한 성립(지상권 설정계약과 지상권등기)
> ② 법률규정에 의한 성립(법정지상권 + 등기 없이 성립) - 제305 ·
> 366조
> ③ 존속기간? 최단기[30년 · 15년 · 5년]의 제한, 최장기(무제한으로
> 영구)

3. 지상권자의 권리와 의무   토 · 지 · 상 · 매수 · 처!!!

> ① **토**지사용권: 토지양수인에게 지상권으로 대항력이 있다.
> ② **지**료증감청구권: 판결확정시가 아니라 증액청구시부터 발생
> ③ **상**린관계: 지상권, 전세권에도 준용된다.
> ④ **매수**청구권: 기간만료시 건물이 현존하면 갱신청구하고, 거절
> 하면 지상물매수청구 가능 / **지상권설정자**도 매수청구 가능
> ⑤ **처**분권: <u>설정자의 처분금지 의사에 반하여</u> 지상권을 건물과
> 분리처분 가능

지상권자의 의무

① 지료지급의무 – 지료는 지상권의 <u>성립요소가 아니다</u>(지료 없는 무상의 지상권설정도 유효).

  ㉠ **지료를 등기**해야 **지상권을 이전받은 자**에게 대항할 수 있다.

  ㉡ 지료를 등기하지 않으면 무상의 지상권으로 **지료증액청구×**

  ㉢ 지료를 **2년 연체**하면 지상권 소멸청구O

  ㉣ 토지양도 전후에 걸쳐서 2년 연체사건

  → **토지양수인에 대한 연체기간이 2년이 되지 않는다면** 토지양수인은 지상권의 소멸청구를 할 수 없다(양도 전후 지료 **연체액의 합산을 주장할 수 없다**). ★★

② 지상권자 자신이 목적물의 유지·관리의무 – 필요비를 상환청구할 수 없다. 다만, 유익비는 상환청구할 수 있다.

4. 지상권의 소멸

① 기간이 만료되면? 지상권은 **말소등기 없이** 소멸한다.

② 지상권이 저당권의 목적인 경우? 지료 2년 연체시 저당권자에게 통지하고 <상당기간 경과 후> 효력이 생긴다.

③ 담보지상권의 소멸

  ㉠ 나대지의 담보가치가 저감되는 것을 막기 위하여 지상권자(농협) 앞으로 저당권을 취득하는 것

  ㉡ **채무가 변제되면** 담보지상권은 소멸 ★

  ㉢ 사용권이 없는 담보지상권자는 토지를 불법점유하는 제3자에게 부당이득반환청구를 할 수 [있다 / 없다].

  ㉣ 제3자가 건물축조시 담보지상권으로 건축 중지 청구O

건물신축×

甲소유 나대지   乙
                              (근저당)
                           (무상의 지상권)

5. 특수지상권

(1) 관습상 법정지상권 『암기 TIP』 ⑧일인소유 / ⑩매매기타 / ⑩라질것!!

> **동**일인 소유인 토지와 건물 중 **매**매 기타사유로 소유자가 **달**라질
> 경우, 건물철거특약이 없는 한 건물주가 등기 없이 지상권을 취득

1) 성립요건
① **동일인 소유일 것** - 원시적으로 동일인 소유일 필요 없으나 **처분 당시 동일인소유**면 성립 / 무허가건물도 성립

★ 강제경매시 동일인 기준 - **압류효력 발생하는 때**

② 둘 중 하나만 처분할 것(**매매**, 증여, 강제경매, 공유대지의 분할) / 단, 토지와 미등기건물 둘 다 함께 처분시 불성립

③ 토지와 건물의 소유자가 **달라질 것**

④ **건물의 철거특약이 없을 것**

2) 「관습상 지상권이 불성립하는 경우」
① 건물**철거특약**이 있는 경우 - 관습상 지상권은 불성립

② **대지에 관하여 임대차계약시** - 지상권을 포기한 것

③ **나대지에 환매특약 상태**에서 대지매수자가 건물신축 후 대지가 환매권 행사로 달라질 때 - 관습상 지상권 불성립

④ 「남의 땅에 신축한 건물」만 매수한 때

⑤ 공유자 중 「과반수지분권자의 동의」 얻고 신축

⑥ 미등기건물과 대지를 「함께 매수」한 때

[주의] 대지를 단독소유하는 자가 「건물을 다른 사람과 공유」하다가 「대지」만 제3자에게 증여나 매매로 처분시 관습상 지상권 성립

3) 법정지상권이 성립한 건물을 양도한 사건(취득할 놈)

① 법정지상권자가 지상권**등기 없이** 건물을 <매매>로 양도하면?

    ㉠ **건물의 양수인**은 지상권을 **승계취득하지 못하고**, 법정지상권은 원래의 양도인에 유보되어 있다.

    ㉡ 법정지상권이 성립한 건물이 <경매>로 낙찰되면?
    건물낙찰자는 **등기없이 지상권도 함께 취득**한다.

② 건물양수인은 지상권을 어떻게 가져나나? 직접 이전×
건물양도인을 **순차대위**하여 지상권 설정 및 이전등기할 수 있다.

③ 토지소유자는 지상권 등기없는 건물양수인에게 철거청구?
지상권을 설정해 줄 의무자(줄 사람)이 장차 지상권을 취득할 지위에 있는 자(취득할 사람)에게 건물의 **철거청구는 신의칙상 허용할 수 없다**[전합].

④ 토지소유자는 건물양수인에게 **부당이득반환을 청구?** 허용〇

⑤ 토지만 양도된 경우 법정지상권자가 이를 취득당시의 토지소유자에게 **등기 없이 대항**할 수 있고 대지소유권을 전득한 **제3자에게 대항하기 위해 등기가 필요한 것이 아니다.** ★★

(2) 분묘기지권(묫자리 사용권)

① 의의

타인의 토지에 분묘를 설치한 자는 분묘의 수호를 위해 **분묘의 기지를 사용**할 수 있는 지상권에 유사한 관습법상의 물권을 취득하는데 이를 분묘기지권이라 한다.

② 성립 유형

ⓐ 시효취득형 분묘기지권

➡ 토지소유자가 지료의 지급을 청구한 때부터 지료를 지급하여야 한다(대판). ★

➡ 분묘기지권자는 토지소유자가 분묘기지에 관한 지료를 청구하면 그 지료를 청구한 날부터(대법원 소수견해는 분묘기지권이 성립한 날로부터) 지료를 지급할 의무가 있다(전합).

ⓑ 양도형 분묘기지권

➡ 분묘기지권이 성립한 때로부터 지료를 지급하여야 한다.

➡ 자기소유 토지에 분묘를 설치한 사람이 그 토지를 양도하면서 분묘를 이장하겠다는 특약을 하지 않음으로써 분묘기지권을 취득한 경우, 분묘기지권이 성립한 때부터 토지소유자에게 그 분묘의 기지에 대한 토지사용의 대가로서 지료를 지급할 의무가 있다(대판).

ⓒ 승낙형 분묘기지권

➡ 토지소유자의 승낙에 의해 성립하는 분묘기지권

➡ 성립 당시에 토지소유자와 분묘의 관리자간에 지료의 존부 · 범위에 관해서 약정을 하였다면 그 약정의 효력은 「분묘기지의 승계인」에게도 미친다.

③ 효력

⊙ 존속기간은? 분묘수호를 계속하는 한 계속

ⓛ 범위는? 분묘주변의 공지까지 / 합장× / 평장×

ⓒ 등기여부는? 등기없이 성립 / 등기는 분묘기지권의 성립요건
  이 아니다.

  ➡ 새로운 토지소유자는 분묘기지권자에게 이장을 요구할 수
    없다.

ⓔ 지료여부는? 종전에는 무상 - 변경된 판례는 유상

ⓜ 지료 2년 연체시? 연체된 지료가 판결 확정 전후에 걸쳐서 2년
  분 이상인 경우, 새로운 토지소유자는 분묘기지권의 소멸청구
  를 할 수 있다(판례).

ⓑ 유골이 존재하는 한 분묘가 일시적으로 소실되었어도 분묘기
  지권은 소멸하지 않는다.

ⓢ 분묘기지권자는 분묘기지의 소유권을 취득하는 것이 아니라
  토지의 사용권을 취득한다.

04 지역권 [레벨1]

의의: 요역지를 위하여 승역지를 점유 없이 진입로로 사용

(1) 객체   (암기 TIP) 전부⑧!!!

① 요역지는 한 필지 일부를 위하여 성립할 수 있다(×).
  ㉠역지는 한 필지 ㉠부를 위하여 성립한다(O).
② 승역지[지역권설정]는 한 필지 일부에 대해서도 성립(O).
  ㉠ 승역지는 한 필지 전부이어야 한다(×).
  ㉡ 승역지가 공유인 경우 공유자 1인이 지역권을 설정×

(2) 지역권의 취득

① 지역권 설정계약과 지역권 등기로 성립한다.
② **지역권 취득시효**: **계속되고 표현된 지역권**은 취득시효O
  ㉠ **통로를 개설하고** 20년간 통행을 계속할 것
  ㉡ 요역지의 **적법한 사용권을 가진 자(지상권자** 등)여야 한다.
     요역지의 불법점유자는 시효취득할 수 없다.
  ㉢ 지역권을 시효취득하는 경우 **등기해야** 한다.
  ㉣ 지역권을 시효취득하는 경우 승역지소유자에 **보상해야** 한다.

(3) 지역권의 특성

① 지역권자는 토지의 배타적 점유권이 없다. <토지를 이용함>

② **부종성**: 요역지의 소유권이 이전하면 지역권도 같이 이전

    ㉠ 요역지와 지역권은 분리하여 처분할 수 없다.

    ㉡ 지역권을 목적으로 저당권을 설정할 수 없다.

③ **취득의 불가분성**: <u>1인이 지역권을 취득하면 다른 공유자도 취득한다[취득은 잘 되게!]</u>.

④ 시효중단의 불가분성

    ㉠ 점유로 인한 지역권 취득시효의 중단은?
    모든 공유자[전원]에 대하여 하지 않으면 효력이 없다.

    ㉡ 요역지 1인에 의한 소멸시효의 중단은?
    다른 공유자에 대하여 효력이 있다.

⑤ 일부양도와 불가분성

    ㉠ 토지공유자 1인은 자기지분에 대하여 그 토지를 위한 지역권을 소멸하게 할 수 있나? 없다.

    ㉡ 토지의 분할이나 일부양도시 지역권은 요역지의 각 부분을 위하여 존속한다.

(4) 지역권에 기한 물권적 청구권

승역지를 제3자가 점유하여 지역권을 방해당한 경우? 지역권에 기하여 반환청구를 할 수 없고 **방해제거나 예방청구**할 수 있다.

(5) 지역권의 소멸

요역지가 아니라 승역지의 소유자가 승역지로 된 토지를 지역권자에게 넘겨주면 소유권과 지역권이 동일인소유로 되어 혼동으로 지역권이 소멸한다.

05 전세권 [레벨1]

甲 ─〈전세권등기〉─ 乙
전세권설정자   전세권자

(2억원)

1. 의의

① 전세금 주고 부동산을 점유하여 사용하는 <u>용익물권</u>인 동시에 경매시 우선변제받는 **담보물권**이다(2가지 성격을 가진다).

② 성립 - **전세금을 지급**하고 전세권설정계약과 <u>전세권을 등기</u>해야 한다. <u>기존채권으로 전세금에 갈음</u>할 수 있다.

   ㉠ 전세권의 설정은 **처분행위**로서 **처분권한이 필요**하다.

   ㉡ 목적물의 인도는 요건이 아니다. 인도 없이 전세권은 유효

   ㉢ 농경지는 전세권의 목적으로 할 수 없다.

   ㉣ 사용·수익권 배제하고 채권담보만을 위한 전세설정×

2. 존속기간

① 최장기 - 갱신한 날로부터 10년을 넘을 수 없다.

② 최단기 - 건물[토지 제외]전세권은 1년이다.
    °『주택임대차보호법』- 2년

③ 법정갱신[건물만 인정] - 등기없이 인정된다.

   ㉠ 요건 - 만료 전 6월에서 1월까지 아무 통지 없으면?

   ㉡ 효과 - 전세금은 전과 동일하나 기간은 정함이 없는 것

④ 기간약정이 없는 경우
   - 양 당사자는 소멸통고할 수 있고 효력은 <u>6월 후 소멸</u>한다.

   <주임법> 임차인만 해지가능. 3월 후 소멸

3. 권리와 의무

① 권리 5개 + α **암기 TIP** (부) · (전) · (상) · (매수) · (처)!!!

　㉠ 부동산 사용권 – 대항력O, 목적물이 양도되면 전세금반환 의무는 전세권설정자가 아니라 신소유자가 부담한다.

　㉡ 전세금증가청구권 – 사정변경으로 증액시 5% 제한

　㉢ 상린관계 – 지상권, 전세권에 준용한다.

　㉣ 매수청구권 – 주인 동의 얻고 설치, 주인으로부터 매수할 것

　㉤ 처분권 – 주인의 동의 없이 양도, 전전세 가능

　　★ 전세권의 <u>처분금지특약</u>은 <u>유효</u>하다.

　㉥ **경매권 – 전세금 지체시 경매할 수 있다.**

② 의무는?

　㉠ [전세권자 / 전세권설정자]는 목적물의 수선의무 부담한다.

　㉡ 목적물에 지출한 필요비상환청구×, 유익비청구O

　㉢ 용도에 좇은 사용의무를 부담한다.

③ 특수효력

　㉠ 제305조의 법정지상권
　　동일인 소유의 토지와 건물 중 건물에 전세설정하고 나서 토지를 매매한 경우? 법정지상권은 <전세권설정자/전세권자>가 취득

　㉡ **콩나물 공장사건**: 타인토지의 <u>건물</u>에 전세권을 설정한 때. 전세권의 효력은 지상권(임차권)에 미친다[종물].
　　이때, 토지소유자가 대항력을 갖춘 **건물의 임차인에게 퇴거청구O** <해당 세입자>

4. 처분[설정자의 동의 없이 양도, 전전세, 저당설정○]

> ① 전세권 양도금지특약은 유효하다.
>
> ② **전세권의 양도**를 한 경우?
>
> ㉠ 전세권과 전세금반환청구권은 **분리양도할 수 없음이 원칙**
>
> ㉡ 설정자는 전세권양수인에게 전세금환원의무를 부담한다.
>
> ③ **전전세**[주인 甲 - (원전세) - 전세권자 乙 - 전전세권자 丙]
>
> ㉠ 乙이 丙에게 전전세설정해도 원전세권**은?** 존속
>
> ㉡ 乙의 전세권(母)이 소멸하면 **전전세권(子)은?** 소멸
>
> ㉢ 전세권자는 불가항력으로 인한 손해에 대하여 책임을 부담
>
> ㉣ 전전세권자가 경매하려면? 원전세권도 소멸**하여야**
>
> ④ **전세권 목적 저당권**
>
> ㉠ 기간이 만료되면 저당권자는 전세권자체에 실행할 수 없다.
>   압류가 없으면 설정자는 전세권자에 전세금반환한다.
>
> ㉡ 전세권에 갈음하여 존속하는 전세금반환채권을 압류하여
>   물상대위할 수 있다.

5. 전세권의 소멸

> ① 기간이 만료 - 용익권적 기능은 **말소등기 없이 소멸**한다.
>
> ② 중간에 낀 전세권은?
>   1번 저당권 甲 - 전세권 乙 - 2번 저당권 丙 순에서 건물경매
>   시 - 모두 소멸한다.
>
> ③ 경매청구 - 건물 **일부의 전세권자**는 <전세권에 기하여> **건물
>   의 전부**에 대한 경매신청권이 없다.

<u>06</u> 유치권

1. 의의 및 특성 [레벨1]

① **의의**: 목적물에 관하여 <채권이 발생>하고, 채권자가 물건의 점유를 장악하여 채권회수하는 권리[공사대금채권을 회수할 때 사용]

② **특성** – 3무: 우선변제권 없다. 물상대위 없다. 유치권에 기한 물권적 청구권 없다.<점유권에 기한 반환청구○>

③ **인정되는 것**: 불가분성<목적물이 **분할가능한 수개**에도 성립>

④ **유치권과 동시이행항변권의 차이점**: 유치권은 **제3자에게도** 주장할 수 있다. 동시이행항변권은 당사자에게 인정되고 **제3자에게 주장×**

2. 성립요건[4개] [레벨3]

① 물건에 관하여 채권이 발생할 것 – 물건과 채권간의 견련성

   ⊙ 타인의 물건일 것 – **자기소유의 건물**에 관하여 공사수급인은 유치권을 주장할 수 없다.

   ⓒ **견련성 인정**: [유치권의 **피담보채권이 될 수 있는 것**]

     ★ 조랑말이 농작물에 대해 야기한 손해배상채권

     ★ 건물에 관하여 임차인이 수리비용을 지출한 때

     ★ 임대인이 **필요비상환채무의 불이행으로 인하여 발생한 손해배상채권**(원채권의 연장선으로 동일함)

     ★ 임차목적물의 하자[누수]로 발생한 손해배상채권

   ⓒ **견련성이 부정**(유치권의 **피담보채권이 될 수 없는 것**)

     ★ **보증금**반환청구권 · **권리금**반환청구권

     ★ 계약명의신탁에서 신탁자의 부**당이득반환청구권**

     ★ 자재[시멘트] **매매대금**채권 / 건물의 간판대금 채권

② 채권이 변제기가 도래할 것 <임대차에서 **유익비에 관하여** 법원이 **상환기간을 유예**해 준 경우 유치권은 불성립한다>

③ 채권자가 물건을 점유할 것
   (적법한 점유일 것 / 불법점유× / 고의 · 중과실로 점유시×)

   ㉠ **직접점유이든** 간접점유이든 관계가 없다.

   ㉡ 유치권자가 보관을 맡겨서 제3자가 직접점유하고 유치권자가 간접점유시 - 유치권은 성립

   ㉢ 채무자가 직접점유하고 유치권자가 간접점유하는 경우 유치권은 성립하지 않는다. ★★

   ㉣ <채권이 발생한 후> 점유를 취득해도 유치권이 성립한다.

④ 유치권의 배제특약이 없을 것

   ㉠ 유치권을 사전 · 사후에 포기하는 특약은 유효하다.

   ㉡ **포기특약은 상대방과** 제3자도 주장할 수 있다.

3. 유치권자의 권리와 의무

(1) 유치권자의 의무

① **선관주의 의무** - 타인의 물건을 점유한 임차인등에게 부과

② **사용, 대여, 담보제공시 채무자의 승낙을 얻을 의무**
   다만, 보존을 위한 사용은 **채무자의 승낙 없이** 할 수 있다.

(2) 유치권자의 권리   암기 TIP 경·유·비·간·과 + 보존!!! [레벨1]

① **경**매권이 있다 - 유치권자는 채권의 변제를 받기 위해 경매O

② **유**치적 효력 - 유치권자는 건물의 낙찰자에게 유치권으로 인도
  거절할 수 있다.
  단. 채무자가 아닌 낙찰자에게 **채무의 변제를 청구**할 수 **없다.**

③ **비**용상환청구권 - 필요비에는 상환기간의 유예가 인정x

④ **간**이변제충당권

⑤ **과**실수취권 - 과실을 수취하여 채권 변제에 충당할 수 있다.
  유치권자는 **수익목적**의 과실수취권이 인정되지 않고 변제충당
  을 위한 과실수취권이 허용된다. ★ (이자충당 후 원본충당)

⑥ **보존**을 위한 사용권 - 유치권자가 주택에 거주한 경우?
  ㉠ 유치물의 보존에 필요한 사용으로 채무자의 승낙 없이 가능
  ㉡ 유치권자의 점유는 적법점유(채무자는 유치권소멸청구x)
  ㉢ 유치권자가 사용하여 얻은 이득은 부당이득으로 반환해야

★★ **압류 전·후 성립**한 유치권의 효력? [비교정리]

① 압류 후 성립한 유치권 - 불완전 유치권으로 낙찰자에게 유치
  권을 주장할 수 없다[압류의 처분금지 효력에 저촉됨].

② 압류 전 성립한 유치권 - 완전 유치권으로 낙찰자에게 대항할 수
  있다.

③ 압류 전 점유취득하였으나 **압류 후 채권의 변제기가 도래** - 낙
  찰자의 인도요구에 불완전 유치권으로 대항할 수 없다.

④ 가압류 후 성립한 유치권. 저당권 설정 후 성립한 유치권 - 완
  전한 유치권으로 낙찰자에게 주장할 수 있다.

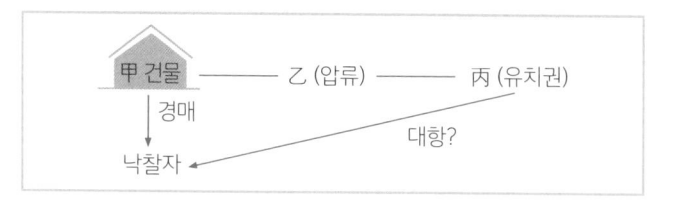

4. 유치권의 소멸사유 [레벨1]

① 점유의 상실, 대담보의 제공, 목적물의 멸실로 소멸한다.

★★ 목적물이 경매로 양도된 경우 유치권은 소멸하지 않는다.
[낙찰자에게 인수된다 - 인수주의]

② 점유를 침탈당하면?

㉠ 유치권에 기한 반환청구권이 인정되지 않는다.

㉡ 점유권에 기하여 **점유회수하면** 유치권은 부활한다.

③ 유치권의 행사는 **채권의 소멸시효진행에 영향을 미치지 아니한다.**

➜ 유치권자가 **물건을** 점유하면 채권의 소멸시효는?
[중단된다 / 중단되지 않는다].

<u>07</u> 저당권

1. 의의

① 채권을 변제받기 위하여 담보물의 점유이전 없이 담보물을 경매처분하여 우선변제를 받는 권리

② 약정담보물권이다. 담보잡은 물건에 대해 점유권이 없다.

2. 성립 [레벨1]

① 당사자는? 저당권설정자(채무자나 물상보증인), 저당권자(채권자와 일치가 원칙) / **채권자 아닌 제3자명의 저당권은 무효가 원칙이다** / 다만 3자합의시 제3자명의 저당권은 유효

② 객체는? (담보물) - 등기 · 등록이 가능할 것

 ㉠ 부동산O / **부동산의 일부×**

 ㉡ 지상권O / **지역권×**

 ㉢ 공유지분 / 광업권O

③ 저당권설정계약과 저당권의 등기

 ㉠ 저당권설정행위는 의무부담행위가 아니라 **처분행위**로 처분권한이 필요하다.

 ㉡ 저당권등기가 **원인없이 불법말소**되면?

 저당권은 소멸하지 않는다. 다만, **경매가 실행**되면 불법말소된 저당권은 소멸하고 **회복등기는 불가능하다.**

④ 피담보채권 - 저당권의 원인이 된 채권

 ㉠ 금전채권과 금전 아닌 채권도 가능하다.

 ㉡ **장래에 발생할 조건부 채권**도 가능하다.

3. 저당권의 효력 [레벨2]

① 효력범위는? 설정 전·후 **부합물과 종물**에 미친다[임의규정].

  ㉠ 저당권의 효력을 부합물에 배제하는 약정은 유효하다.

  ㉡ 기존건물의 증축부분이 독립성이 없는 때?
     → 저당권의 효력은 증축부분에도 미친다.

  ㉢ 분리·반출되지 않은 종물에 효력이 미친다.

  ㉣ 건물소유를 위한 지상권을 가진 자가 건물에 설정된 저당권의 효력은 지상권(임차권)에도 미친다(권리 종물).

  ㉤ 과실은? 저당권설정자의 몫이다. 다만, 압류 후 저당권설정자가 **수취한 차임채권**에는 효력이 미친다(대판).

  ㉥ 물상대위? 건물이 화재로 멸실한 경우 화재보험금청구권에 효력이 미친다.
     → 단, <지급 전>에 <압류>할 것.
     → 이때 압류는 반드시 저당권자 자신이 해야 하는 것은 아니다(대판).

② 피담보채권의 범위는? 암기 TIP 이·위·원·손·실비용!!!
   이자·위약금·원본·채무불이행으로 손해배상·실행비용

③ 우선변제권 - 저당권은 후순위권리자보다 우선변제O
   단, 소액임차인·임금채권은 선순위저당권보다 우선한다.

④ 저당권과 용익관계 <말소 기준권리를 찾아라!>

  ㉠ **삭제주의**: 저당권보다 나중에 성립한 용익권은 경매로 소멸

  ㉡ **인수주의**: 저당권보다 선순위 용익권은 경매로 인수

  ㉢ 중간에 낀 임차권은? 말소기준보다 나중이므로 소멸

⑤ 제366조의 법정지상권 [레벨3]
  ㉠ **요건**: 저당권**설정 당시에 건물이 존재**하고 **동일인**소유였다가 경매로 달라질 것　**암기 TIP** 동-경-달!!
  ㉡ 미등기건물O, **건축 중인 건물O, 철거 후 신축건물O, 중간에 주인이 바뀐 것O** - 법정지상권이 성립
  ㉢ 법정지상권이 불성립하는 경우
    • 가설건축물(정착물이 아니므로)
    • 나대지에 저당설정 후 저당권자의 동의 얻고 신축
    • 공동저당설정 후 구건물철거 후 신축시

✚**일괄경매권** [레벨2]
① 요건은? 나대지에 저당권 설정한 후 건물신축하고 동일인일 것
② 나대지에 건물신축하고 건물을 양도한 경우
　- 동일인이 아니므로 일괄경매할 수 없다.
③ 용익권자가 신축한 건물을 설정자가 매수하여 동일인이 된 때
　- 일괄경매가 허용된다.
④ 토지와 건물을 함께 경매할 수 있다. 다만, <u>토지에서만</u> 우선변제받는다. <토지와 건물에서 우선변제받는다×>

---

⑥ 제3취득자의 지위 [레벨2]
  ㉠ **의의**: 저당권이 설정된 부동산을 **매수한 자, 지상권이나 전세권을 취득한 자**를 말한다(융자 끼고 산 사람).
  ㉡ 제3취득자는 **경매인이 될 수 있다.**
  ㉢ **채권을 변제**하고 **저당권소멸**을 청구할 수 있다.
  ㉣ 목적물에 비용을 지출한 경우 제3취득자는 **저당권보다 우선상환**받는다(단, 물상보증인은 제3자가 아니다).
  ★★ 저당부동산의 후순위권리자는 채무변제하고 저당권의 소멸을 청구할 수 **없다**(대판).

4. 침해시 구제수단 [레벨1]

① 저당물을 제3자가 불법점유할 경우?

저당권에 기하여 **반환청구할 수 없다.**
방해제거, 예방청구는 허용된다.

② 담보물의 보충청구권

담보물이 **저당권설정자의 과실로 멸실**한 때이어야 한다.
<제3자의 과실로 멸실한 경우는 안 된다>

③ 손해배상청구권

목적물의 잔존가치가 담보가치로 충분한 경우 손배청구할 수
없다. 단, **담보가치가 채권액 미만으로 하락하면** 저당권침해로
손배청구할 수 있다.

④ 담보지상권

제3자가 나대지에 건물을 신축하면 지상권에 기한 방해배제청
구로 건축중지요구를 청구할 수 있다.

5. 처분 [레벨1]

① 채권과 저당권은 **분리하여 양도할 수 없다.** <수반성>

② 저당권을 양도할 때 채무자나 보증인의 동의를 요하는가?
채무자의 **동의를 요하지 않고** 양수도 당사자 사이에 합의로 족
하다.

③ **채권이 소멸된 후** 저당권이전의 부기등기를 마친 경우?
저당권을 유효하게 취득할 수 없다.

1. 근저당권 [레벨1]

> ① **의의**: 불특정 채권을 결산기의 **최고액** 한도로 담보함
>
> ② **성립**: 근저당권설정계약과 **기본계약관계가 별도로 존재**해야
>
> ③ **최고액**: 필요적 등기사항이다. / 결산기는 임의적 등기사항
>
>   ㉠ 책임의 한도액이 아닌 **우선변제받는 한도액이다.**
>
>   ㉡ **이자는 최고액에 포함**되어 있다(실행비는 불포함).
>
> ④ **채무액**: 증감변동하므로 결산기 전 **채무가 소멸해도 근저당권에 영향을 미치지 아니한다.** <부종성이 완화>
>
> ⑤ 채무액의 확정
>
>   ㉠ 확정시기는? **근저당권자**가 경매신청한 경우 – 경매신청한 때
>
>   ㉡ **후순위저당권자가 경매신청**한 경우 선순위근저당권의 채권액 확정시기는? 경락대금 완납시이다.
>
>   ㉢ 경매신청을 취하한 경우 – 채무확정의 효과는 번복되지 않음
>
>   ㉣ 채무확정의 효과는? 보통의 저당권으로 변한다.
>
>   ㉤ **채권액 확정 이후(즉, 경매신청 이후나 결산기의 도래 이후) 새로운 거래에서 발생한 채권은?** 근저당으로 담보되지 않는다.
>
>   ㉥ 채무의 변제범위는? (채무액 1억원, 최고액 7천만원)
>   **채무자는 채무전액**을 변제해야 근저당말소할 수 있다.
>   **물상보증인은 최고액한도**로 변제해야 근저당권 말소O
>   **제3취득자는 최고액한도**로 변제하고 근저당권 말소O
>
>   ㉦ 존속기간이 있는 때? 그 기간이 만료한 때 채무액이 확정
>
> ⑥ **채무 확정 전**: 채무자를 변경할 수 있고 채무범위도 변경할 수 있다.

⑦ 근저당권의 변경 및 소멸
　⊙ 최고액을 증액시? 후순위권리자의 승낙서가 필요하다.
　ⓒ 채무자를 변경 - 변경된 후의 채권만 근저당으로 담보된다.
　ⓒ 채무의 확정 전에도 거래의 계속을 원하지 않을 경우 - 근
　　저당계약을 해지하고 말소청구할 수 있다.
　ⓔ 당사자간의 합의로 근저당권을 소멸시킬 수 있다.

2. 공동저당권 [레벨3]

(1) 동시배당 - 각 부동산의 경매가에 비례하여 안분배당
① 담보물 X, Y 모두 채무자 소유인 경우

> 채무자 乙소유 X [4억원] - - 甲 1번 저당[ ] - - 丙 2번 저당[ ]
> 채무자 乙소유 Y [2억원] - - 甲 1번 저당[ ] - - 丁 2번 저당[ ]

X, Y 모두 동시배당시 甲이 X, Y에서 각각 배당받는 금액은?

$$\text{채권액[3억원]} \times \frac{4억원(X의 시가)}{4억원+2억원} = 2억원$$

② 하나는 채무자소유이고 다른 하나는 물상보증인 소유?

> 채무자 乙소유 X[8천만원] - - 甲 1번 저당[ ] - - 丁 2번 저당[ ]
> 丙소유 Y부동산[4천만원] - - 甲 1번 저당[ ] - - 戊 2번 저당[ ]

[문제] 甲의 채권액이 8천만원일 때 동시배당시 Y에서 甲의 배당액
　　　은? 채무자소유 X에서 먼저 전액배당(8천만원)받고 [부족분
　　　만큼만]은 물상보증인소유에서 받는다. Y에서는 0원이다.

(2) 이시배당 - 甲의 채권액이 6천만원일 때

① 담보물 X, Y 모두 채무자 소유인 경우

> 채무자 乙소유 X[6천만원] - - 甲 1번 저당[ ] - - 丙 2번 저당[ ]
> 채무자 乙소유 Y[4천만원] - - 甲 1번 저당[ ] - - 丁 2번 저당[ ]

[문제1] 甲이 **X만 먼저 경매**실행하여 [6천만원]을 배당받으면 甲이
Y에서 배당받는 액수는? 0원

[문제2] Y를 나중에 경매시 X부동산의 2번 저당권자 丙이 Y에서 받
는 금액은? [차순위자의 대위권이라 함]

➜ <u>동시배당시에 甲이 X부동산에서 배당받는 금액만큼</u> 차
순위자가 Y에서 대위한다.

② X는 채무자 소유이고 Y는 물상보증인 소유인 경우 이시배당 할
때? [전제조건 - 甲의 채권액이 8천만원일 경우]

> 채무자 乙소유 X[8천만원] - - 甲 1번 저당[ ] - - 丁 2번 저당[ ]
> 丙소유 Y소유 Y[6천만원] - - 甲 1번 저당[ ] - - 戊 2번 저당[ ]

[문제1] 채무자 乙소유 **X만 먼저 경매실행**한 경우, 甲은 X에서 8천
만원을 배당받는다. 이때 채무자 乙소유 **X에 있는** 丁 2번
저당권자는 丙소유 **Y를 경매실행**시 甲의 1번저당권을 대위
할 수 있나? 없다.

➜ 丙은 2번 저당권자 丁을 보증해줄 의사가 없으니까

[문제2] 丙소유 **Y만 먼저 경매실행**한 경우 甲이 Y에서 배당받는 액
수는 [6천만원]이고 이때 Y에 있는 후순위권리자 戊는 나중
에 X를 경매실행시 **X에 있는 1번 저당권을 대위**할수 있나?
있다(대판).

3. 공동근저당 ★

> 乙소유 X - 甲 1번 근저당[최고액 1억 1천만원] - 丙 2번 저당
> 乙소유 Y - 甲 1번 저당[최고액 1억 1천만원] - 丁 2번 저당[ ]

① 동시배당의 경우

　㉠ 공동근저당권자는 최고액 범위 내에서 제368조 제1항에 따라 부동산별로 나누어 각 환가금액에 비례한 액수로 배당받는다.

　㉡ X부동산만 제3자가 경매신청한 경우, X에 근저당의 채권액 확정시기는 매각대금완납시이고, Y부동산의 채권액은 아직 확정되지 아니한다.

② 이시배당의 경우

[문제] 甲이 乙에게 9천만원을 대출해주고, 최고액 1억 1천만원의 공동근저당권을 취득함. 여기서 丙이 X를 먼저 **경매신청**해서 甲은 7천만원을 우선배당 받음. 그 후 丁이 Y를 경매신청하여 3억원에 낙찰됨. 이때 甲이 Y에서 우선배당받는 액수는?

→ 이시배당의 경우 공동근저당권자는 X, Y에서 최고액만큼 누적적으로 배당받을 수 없다(전합).

→ **X로부터** 자신의 최고액(1억 1천만원)에서 **우선변제**받은 금액(7천만원)을 **공제**한 차액(4천만원)을 Y에서 우선변제받는다(전합).

→ 이때 피담보채권액이 증가하더라도 우선변제받는 금액은 위와 동일하다.

PART
03

계약법

계약법 체계도

계약총론	계약각론
1. 계약의 종류	1. 매매 및 환매
2. 계약의 성립	2. 교환
3. 계약의 효력	3. 임대차
4. 계약의 해제	

★ 최근 5개년 2~3회 기출
★★ 최근 5개년 4~5회 기출

레벨1 난이도 하
레벨2 난이도 중
레벨3 난이도 상

CHAPTER 01 계약총론

01 계약의 종류 [레벨1]

(1)

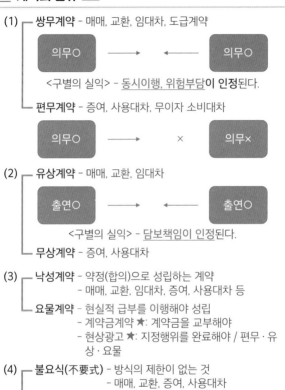

쌍무계약 - 매매, 교환, 임대차, 도급계약

> 의무○ → ← 의무○

<구별의 실익> - <u>동시이행, 위험부담</u>이 **인정**된다.

편무계약 - 증여, 사용대차, 무이자 소비대차

> 의무○ → × 의무×

(2)

유상계약 - 매매, 교환, 임대차

> 출연○ → ← 출연○

<구별의 실익> - <u>담보책임</u>이 인정된다.

무상계약 - 증여, 사용대차

(3)

낙성계약 - 약정(합의)으로 성립하는 계약
- 매매, 교환, 임대차, 증여, 사용대차 등

요물계약 - 현실적 급부를 이행해야 성립
- 계약금계약 ★: 계약금을 교부해야
- 현상광고 ★: 지정행위를 완료해야 / 편무·유상·요물

(4)

불요식(不要式) - 방식의 제한이 없는 것
- 매매, 교환, 증여, 사용대차

요식 - 법이 정한 일정한 방식을 요하는 것

(5) 예약

① 장차 본계약의 체결을 미리 약속하는 것

② 결혼식장 예약처럼 나중에 해주기로 약속하는 것이니까 **항상 채권계약**이다.

⊙ 전형계약 - 민법전에 이름이 있는 것
비전형계약[중개계약] - 민법전에 이름이 없는 것

[레벨2] **<쌍무계약과 유상계약의 관계>**

쌍무계약은 항상 <u>유상</u>계약이다(○).   [암기 TIP] 쌍, 유는 맞다!!

유상계약은 모두 쌍무계약이다(×). ★★

[레벨3] **현상광고의 성질** - 편무, 유상, 요물계약

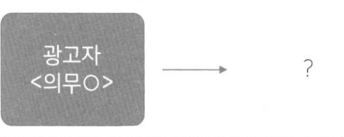

광고자
<의무○>

→   ?

응모자
의무x-편무
지정행위 완료

02 계약의 성립

---

(1) 청약과 승낙의 합치[불합치인 때 착오로 취소×] 레벨1

청약(확정적 의사표시)	승낙
① 상대방은? 불특정 다수○	특정인○, 불특정 다수×
② 청약 효력 발생시기는? 도달 (청약도달 후 철회할 수 없다) 자유로이 철회×	격지자간 계약은 승낙을 발송시
③ 청약은 승낙기간 내에 승낙 의 통지를 받지 못하면? 그 효력을 잃는다.	승낙자가 일정기간 내에 회답 없는 때? **계약은 불성립한다.**
④ 기간을 정하지 않은 청약은? **상당기간 내 통지**	조건부 승낙, 연착된 승낙은? 새로운 청약으로 본다.

(2) 교차청약에 의한 성립시기는?

甲의 청약은 10월 2일 도달하고, 乙의 청약은 10월 6일 도달시?
→ <u>나중 청약이 도달시</u> 계약은 성립한다.

(3) 의사실현에 의한 성립시기는?

사실행위가 있는 때 계약은 성립한다(자판기에 동전 투입한 때).

레벨2 청약의 유인 - 아파트 분양광고(평당 5백부터)
              - 입찰 견적서 제출은 청약의 유인이다.

(4) 레벨1 계약 체결상의 과실책임 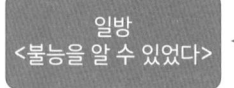 암기 TIP 계 / 체 / 과!!!

| 일방
<불능을 알 수 있었다> | ←원시적 불능→ | 상대방
<선의 · 무과실> |

① 성립요건

    ㉠ 원시적 전부불능(객관적 불능일 것)

    ㉡ 일방은 불능을 알았거나 알 수 있었을 것

    ㉢ 상대방은 불능을 모르고 무과실일 것

② 효력

    ㉠ 신뢰손해를 배상함이 원칙이다.

    ㉡ 신뢰손해는 이행이익을 초과할 수 없다.

③ 적용범위

    ㉠ 후발적 불능 - <계 · 체 · 과는 적용 안 됨>

    ㉡ 원시적 수량부족<적용 안 됨> - 원시적 전부불능일 것

    ㉢ 계약이 불합치된 경우 - <계 · 체 · 과는 적용 안 됨>

    ㉣ 계약교섭 중 부당파기 - 불법행위 성립한다.

「민법」상 책임의 체계

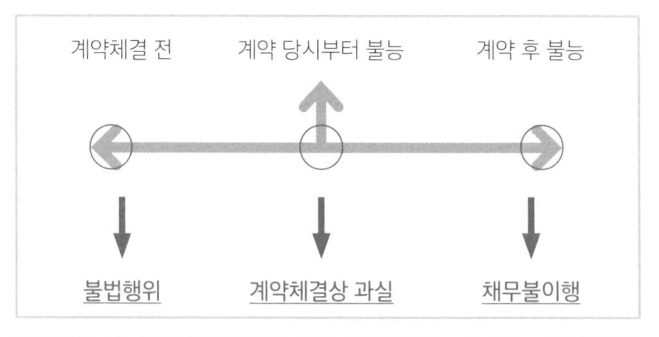

1. **동시이행항변권**   (1문제)
2. **위험부담**   (1문제) 사례문제
3. **제3자를 위한 계약**   (1문제) 사례문제

---

1. 동시이행항변권[상대편이랑 똑같이 해!]   암기 TIP 맞바람!

(1) 성립요건 [레벨1]

① 쌍무계약일 것 - 편무계약에서는 인정 안 됨

> ★ 별개의 원인으로 쌍방이 채무를 부담할 경우
> → 동시이행항변권은 **인정 안 된다.**
> ★ 일방의 채무가 이행불능으로 손배채무로 변경된 경우
> → 상대방의 반대급부와 동시이행관계가 존속한다.

② 변제기가 도래할 것

> ★ 중도금에 대한 선이행 의무자가 중도금을 지체 중에 상대방의
> 채무도 이행기가 도래해 버린 경우?
> → **쌍방의 채무는 동시이행관계에 있다.**

③ 둘 다 제공 없는 상태일 것

> <왔다가 그냥 갑니다 사건>
> 甲이 급부를 1회만 제공하였고 乙이 수령지체 상태였으나, 그 후
> 에 甲이 이행제공을 중단한 경우, 수령지체에 빠진 乙은 동시이행
> 항변권을 행사할 수 있나?

(2) 효력 [레벨2]

① 연기적 항변권(상대가 줄 때까지 버티기)

② 항변권이 인정되면 이행지체책임이 없다.

③ 소송에서 항변권을 주장하면 상환급부판결을 명한다.
  (서로 주라 = 원고 **일부패소** 판결)

④ 항변권이 붙은 채권을 자동채권으로 상계금지
  매도인 甲이 건물매매대금채권 1억원을 자동채권으로 하여 매
  수인 乙의 甲에 대한 대여금채권 1억원과 **상계할 수 없다.**

(3) 동시이행관계가 인정되지 않는 경우 [레벨3]

① 채무의 변제의무와 저당권등기의 말소의무

② 채무의 변제의무와 가등기 말소의무

③ 토지거래 허가 협력의무와 매매대금지급의무

④ 보증금반환의무와 임차인의 임차권등기말소의무

⑤ **경매가 무효**인 경우 낙찰자의 소유권등기말소의무와 채권자의
  낙찰대금반환의무

★ 동시이행관계가 인정되는 경우

① 매매가 무효, 취소, 해제 - 매도인의 대금반환 / 매수인의 등기말소

② 임대차 종료 - 임대인의 보증금반환 / 임차인의 명도의무

③ 지상물매수청구 행사 - 임대인의 대금지급 / 임차인의 명도의무

④ 귀속청산시 - 채무자의 소유권이전 / 채권자의 청산금 반환의무

2. **위험부담**(손해는 누가 부담하나?) - [임의 규정]

(1) 채무자 위험부담 <목적물인도 채무자가 손해를 부담!>

ᴌᴇᴠᴇʟ1 쌍무계약에서 甲소유의 X건물을 매수인 乙과 1억원에 **매매계약체결 후 태풍으로** 건물이 붕괴된 경우

① **<채무자甲의 입장>** 甲의 급부의무는 소멸하고, 乙에 대하여 반대급부(매매대금 1억원)을 청구할 수 없다.

② **<乙의 입장>** 乙의 대금지급의무도 소멸한다.
甲에게 귀책사유가 없어서 乙은 甲에게 채무불이행책임을 물을 수 없다. 그러므로 乙은 **이행불능을 원인으로 계약을 해제할 수 없다.**

③ 乙은 계약금을 부당이득으로 반환청구할 수 있다.

(2) 채권자 위험부담 <매수인이 손해부담>

ᴌᴇᴠᴇʟ2 甲소유의 X건물을 매수인 乙과 매매계약체결 후 甲이 이행제공을 하였으나 乙이 지체 중 태풍으로 건물이 붕괴된 경우?

① **<甲의 입장>** 甲은 乙에게 건물매매대금을 청구할 수 있나?

② **<채권자 乙의 입장>** 乙은 甲에게 건물대금을 지급할 것
채권자 乙은 건물을 달라고 청구할 수 없는 손해를 부담한다.

(3) 대상청구권 <건물 대신에 보상금양도해 달라구>

매도인(채무자)
건물 제공

계약 후 수용

매수인(채권자)

[레벨3] 甲소유의 X건물을 매수인 乙과 1억원에 계약체결 후 국가가 건물을 수용해서 이행불능인 경우?

★ 매수인에게 인정되는 권리는?

> ① 채무자 위험부담의 법리로 쌍방의 의무는 소멸한다.
>   乙은 건물대금지급의무가 소멸한다.
>
> ② 乙은 **반대급부를 지급하는 전제하에** 甲에게 수용으로 인해 받게 되는 보상금청구권의 양도를 청구할 수 있다.

★ 매수인에게 인정되지 않는 권리는?

> ① **전보배상청구할 수 없다.** [채무자의 **책임있는 사유**로 불능이어야 본래채무에 갈음하는 손배청구(전보배상) 가능]
>
> ② 乙은 甲에게 **계약체결상의 과실책임**을 물을 수 없다.
>   [계, 체, 과는 원시적 불능이어야 하는데 계약 후 수용됨]
>
> ③ 乙은 甲에게 **채무불이행책임**을 물을 수 없다.
>   [수용은 쌍방의 과실이 없으니까]

3. 제3자를 위한 계약

매매(기본관계)
요약자(甲) ◄─────────► 낙약자(乙)

대가관계

수익자(丙)

(1) 수익표시 판례 레벨1

① 수익표시는 누구에게? 수익자가 낙약자에게 한다.

② 수익표시는 제3자를 위한 계약의 성립요건이 아닌 권리발생요건이다. 암기 TIP 수·발!아--!!!

③ 낙약자가 수익 여부를 최고시 확답이 없을 때? 수익거절

④ 수익표시 후 합의해제를 할 수 없고, 계약변경권이 없다.
다만, 수익표시 한 후에도 일방의 사기로 취소할 수 있다.

(2) 기본관계의 꽝(甲 – 乙간의 매매가 무효, 취소로 붕괴)

① 낙약자(乙)는 계약에 기한 항변으로 **수익자(丙)**에게 항변할 수 있다. <수익자의 돈 요구를 거절할 수 있다>

② 요약자가 급부를 이행하지 않으면 낙약자는 이에 대응하는 자신의 수익자에 대한 의무를 거절할 수 [있다 / 없다].

③ 수익자는 선의여도 계약의 해제·취소시 보호받는 제3자가 아니다.

(3) 대가관계의 소멸(甲 – 丙간의 계약관계가 소멸한 경우) 판례 레벨1

① 요약자와 수익자 두 사람의 내부관계일 뿐이므로 대가관계의 소멸은 기본관계에 영향을 미칠 수 없다.

② 낙약자 입장

ⓐ '요약자와 수익자의 법률관계'가 소멸한 경우 **수익자의 돈 요구**를 거부할 수 [있다 / 없다].

ⓑ 낙약자 乙은 '요약자와 수익자 사이의 법률관계'에 기한 항변(甲의 丙에 대한 항변)으로 수익자에게 대항할 수 없다(대판).

③ 요약자 입장

'대가관계의 효력상실'을 이유로 자신이 **기본관계에 기하여** 낙약자에게 부담하는 채무의 이행을 거부할 수 없다(대판). ★

(4) 계약이 무효, 해제로 소멸한 경우 낙약자는 수익자에게 지급한 돈을 부당이득반환청구할 수 있나? 레벨2

→ 계약관계의 청산은 요약자와 낙약자간에 이루어져야하므로 낙약자가 수익자에게 부당이득반환을 청구할 수 없다(대판).

(5) 낙약자가 채무불이행한 경우 처리는? 판례 레벨1

① 수익자는 계약당사자가 아니므로, 해제권과 원상회복청구권도 요약자에게 귀속하고, 수익자는 계약해제권과 해제로 인한 원상회복청구권을 행사할 수 없다.

② 제3자가 수익의 의사표시를 한 후에 요약자는 '수익자의 동의 없이' 계약을 해제할 수 있다(대판).

③ 수익자는 낙약자에게 채무불이행으로 인한 손해배상청구를 할 수 있다. ★★

(1) 의의: 甲 - - <매매: 해제> - - 乙[매수인] - 丙[제3자]

① 해제: 유효한 계약 - - - 소급하여 꽝

② 해지: 유효한 계약 - - - 장래를 향하여 꽝

③ 합의 해제: 쌍방간 합의로 계약을 소멸

④ 계약금해제: 중도금 지급 전 계약금을 포기하고 해제처리함

(2) 법정해제의 원인 - 일방의 채무불이행 [레벨1]

> ① **이행지체:** 대금지급이 늦어진 경우 자신의 채무를 이행제공하고 [최고해야] 해제할 수 있다.
>
> ② **이행불능:** 건물이 멸실한 경우 [최고 없이 반대급부의 제공 없이 계약 해제할 수 있다]
>
> > ★ 건물의 멸실로 본래채무의 이행에 갈음하는 손해배상(전보배상)청구하려면 반대급부를 제공할 것
>
> ③ **불완전 이행** ★: 밥상을 대~충 대충 차려줌
>
> ④ **미리 거절:** 최고없이 반대급부의 제공없이 즉시 이행기 전에 해제할 수 있다.
>
> > ★ **부수적 채무불이행**[토지거래허가구역 내에서 협력의무를 위반 시] - 법정해제사유가 아니다.

(3) 해제권 행사 [레벨2]

> ① 일방적 의사표시로 한다. - 해제표시는 철회할 수 없다.
>
> ② 당사자가 여러 명이면 <u>전원이 전원에게</u> 해야 한다. ★★
>
> ③ **1인이 해제권을 상실**하면 <u>다른 해제권자도 상실</u>한다.
>
> ④ 계약을 위반한 당사자도 해제의 효과를 주장하여 상대방이 계약존속을 전제로 본래 채무이행을 청구하는 경우 거절할 수 있다. ★★

(4) 해제 효과 [레벨2]

> ① 계약은 소급하여 소멸한다. 매수인에게 이전한 소유권은 매도인에게 등기없이 자~~~동 복귀한다.
>
> ② 원상회복의무 – 선의·악의 불문하고 받은 이익의 전부를 반환한다.
>
>   ⊙ 이때 건물의 사용이익인 **과실도 반환**한다.
>
>   ⓛ 금전반환의 경우 <u>받은 날로부터 이자</u>를 반환해야 하는데 이는 이행지체로 인한 것이 아니라 부당이득반환이다.
>
>   ⓒ **원상회복의 대상**: 매매대금과 그 계약의 존속을 전제로 수령한 지연손해금도 포함(단, 감가비 상당은 반환하지 않는다).
>
>   ⓔ 원상회복의 경우에는 「과실상계」가 적용되지 않는다.
>
> ③ 계약의 해제·해지는 손해배상청구에 영향을 미치지 아니한다(제551조).
>
>   ⊙ **해제와 별도로 채무불이행으로 손배청구할 수 있다.**
>
>   ⓛ 이해불능의 경우 채권자가 본래의 목적물에 갈음하는 손해배상을 청구할 수 있다(전보배상청구).

(5) 해제의 소급효와 제3자 보호 [레벨3]

[계약의 해제는 제3자의 권리를 해하지 못한다] – 제548조 단서

<첫째> 해제로부터 보호받는 제3자란? [권리를 침해받지 않는 제3자]

> 해제된 계약을 기초로 새로운 이해관계를 맺고 <u>등기·인도 등 완전한 권리를 취득하여 방어태세를 갖춘 자</u>

<둘째> 해제의 경우 보호받는 제3자

① 甲 - 乙 - 丙으로 순차매각된 경우 **등기를 경료**한 丙

② 매매예약을 한 후 그에 기하여 **가등기한 자**

③ 해제된 계약에 의하여 채무자의 책임재산이 된 부동산(**매수인 명의로** 등기된 부동산)을 가압류한 채권자

④ 소유권을 취득한 매수인과 임대하여 **대항력**을 갖춘 자

⑤ **제3자 범위 확대이론**

   ㉠ 계약의 해제 후 말소등기 전 해제의 사실을 모르고 <선의>로 거래한 제3자 - 해제에 아무 영향이 없다.

   ㉡ 계약의 **해제 후 말소등기 전 거래한** 제3자는 해제의 사실에 대하여 **선의·악의 관계없이** 보호받는다(×).

<셋째> 해제시 보호받는 제3자에 해당하지 않는 경우

① 소멸되는 채권의 양수인, 채권을 가압류한 자, 채권을 가처분

② 부동산의 매수인으로부터 **임차한 자가** 대항력 못 갖춘 때

③ 제3자를 위한 계약의 수익자

④ 토지를 매수한 자가 신축한 건물을 매수하여 등기한 자

⑤ 건축허가명의만을 양수한 자 / 무허가건물대장에 등재된 자

(6) 관련 문제 레벨2

① **합의해제** - 쌍방합의로 계약을 소급하여 소멸처리함

> [특징1] 법정해제와 달리 합의해제는 새로운 계약이다.
>
> [특징2] 합의해제나 합의해지의 경우 반환할 금전에는 이자 가산 의무가 없다.
>
> [특징3] 합의해제의 경우 특별한 사정이 없는 한 손해배상을 청구할 수 없다.
>
> [특징4] 합의해제에도 제3자는 보호받는다.

② **해제와 취소의 비교**

해제	취소
계약에만 적용	모든 법률행위에 적용
법정해제(채무불이행)	제한능력, 착오, 사기, 강박
선의 · 악의 불문하고 받은 급부를 전부반환	선의 - 이익의 현존한도
해제와 별도로 손배청구○	별도로 손배청구×

CHAPTER 02 계약각론

<u>01</u> **매매**[2문제]　　<u>02</u> **교환**　　<u>03</u> **임대차**[2문제]

<u>01</u> 매매

1. 의의 - 재산권이전의무 <약속> 대금지급의무

① 매매는 재산권이전을 약정하고 상대방은 대금지급을 약정한 때 성립한다. - 쌍무, 유상, 낙성, 불요식 계약이다.

② 매매는 채권계약이다(해주기로 약속하는 거).
타인소유에 대한 매매계약은 무효가 아니라 유효하다.

③ 객체는 물건과 권리(분양권. 지상권. 임차권)도 포함

2. 매매의 예약 [레벨1]

① 예약은 항상 채권계약이다. 일방이 <u>임의로 변경할 수 없다</u>.

② 예약은 일방예약으로 추정한다. 본계약의 요소가 확정할 수 있어야 한다.

③ 예약완결권 - 타인에게 양도할 수 있다.

   ㉠ 행사기간은? 약정 있으면 약정일에 / 약정 없으면 예약성립일로부터 10년의 제척기간 경과로 인도받아도 소멸한다.
　- 제척기간 도과 여부는 법원의 직권조사사항이다.

   ㉡ 행사의 상대는? 예약 당시의 소유자이다.

   ㉢ 완결권을 행사한 때로부터 본계약(매매)의 효력이 생긴다.

3. 계약금 [레벨3]

(1) 성질(다른 약정이 없으면 계약금은 해약금으로 추정)

① 종된 계약이다 - 주계약이 취소되면 계약금계약도 효력을 잃는다.

② 요물계약이다 - 계약금 전부를 지급해야 성립한다.

★ 계약금을 지급하기로 약정한 경우 계약금계약은 성립하지 않는다. [양팡사건]. 따라서 일방이 주계약을 임의로 해제할 수 있나? 없다.

★ 계약금 5천만원 중 일부(1천만원) 지급한 경우 매도인은 1천만원의 배액을 상환하고 해제할 수 있나? 없다.

③ **위약금** - 계약금을 위약금으로 하는 특약 있을 때 계약금은 「손해배상액의 예정」으로 추정하며, 일방이 위약하면 계약금은 상대방에게 귀속(몰수조치)한다.

④ **위약벌** - 계약금과 별도로 물어주는 벌금형태
과도한 위약벌 약정은 제103조 위반으로 무효다.

(2) 해약금 해제 시기는? - 일방이 이행착수 전까지

① 중도금을 지급한 경우 - 이행착수다.
- 따라서 매수인은 계약금을 포기하고 해제할 수 있나? 없다.

② 잔금을 준비하여 등기소에 동행할 것을 촉구 - 이행에 필요한 전제행위를 한 것이다. - 계약금 해제를 할 수 없다.

③ 매도인이 대금지급을 구하는 소송에서 승소판결을 받은 경우
- 이행착수 아니므로 계약금해제를 할 수 있다.

④ 토지거래허가를 얻은 경우 - 이행착수가 아니므로 매도인은 계약금의 2배를 상환하고 해제할 수 있다.

⑤ 중도금지급에 갈음하여 대여금 채권을 양도한 것은 이행의 착수에 해당한다.

(3) 해약금해제 방법은?

① 매도인은 <2배>를 상환하고 해제할 수 있다.

② 매수인은 <계약금>을 포기하고 해제할 수 있다.

③ 매도인이 2배를 제공하였으나 매수인이 수령을 거절하면 공탁을 해야 하는가? **공탁의무는 없다.**

(4) 해약금 해제의 효과(특징)는?

① 원상회복의무가 없다(이행착수 전이니까).

② 손해배상청구를 할 수 없다(계약금을 먹었으니까).

(5) 해약금해제를 봉쇄하는 수단은?

① 계약금을 포기해도 해제를 할 수 없다는 특약은 유효
계약금을 포기하고 해제를 할 수 없다.

② 중도금을 약정된 기일보다 미리 이행착수를 하는 경우 매도인은 계약금 해제를 할 수 없다.

4. 매매의 효력 〔레벨1〕

① 매도인의 소유권이전 및 가압류 말소의무 - 매수인의 대금지급의무는 동시이행관계에 있다.

② 과실의 귀속은? 잔금완납 전에는 <매도인>에 귀속
잔금완납 후에는 <매수인>에 귀속한다.
매매가 취소시 선의인 매수자에게 과실취득권이 인정되고 선의인 매도인도 대금의 운용이익반환의무가 없다.

③ 목적물의 인도와 동시에 대금지급장소는? (   )

④ 이자의 지급시기는? 목적물을 (   )받은 날부터. 단, 매수인이 대금 거절에 정당한 사유 있으면, 인도 받아도 이자지급의무가 없다.

⑤ 계약 비용의 부담은? 특약이 있으면 특약대로 하고 특약이 없으면 **쌍방이 균분**한다.

5. 담보책임

(1) 서설

매매로 취득한 물건이나 권리에 하자가 있을 경우 매도인이 매수자에게 부담하는 책임
① 법률이 인정하는 **무과실 책임**이다.
  [제품에 하자가 있으면 과실이 있던 없던 매도자가 책임져라!!]
② 물건의 하자에 대한 면책특약 - 유효다.
  다만, 매도인이 하자를 알고 고지하지 않은 경우, 면책특약이 있어도 **책임을 면할 수 없다**(제584조).
③ 하자의 존부는 [인도시 / 계약 성립시]를 기준으로 판단한다.

(2) 내용

① 물건의 하자	② 권리의 하자	③ 경매의 하자

[가] 물건의 하자(하자담보책임) 레벨1

ⓐ 특정물의 하자 - 건물의 누수, 균열, 토지의 오염 등
  • 목적달성할 수 없는 경우에 해제할 수 있다.
  • 목적달성 가능하면 해제×, 손해배상청구○
ⓑ 종류물의 하자 - 계약 해제 또는 손배청구를 하지 아니하고 하자 없는 물건청구할 수 있다(감액은 불가).
ⓒ 하자를 모르고 무과실일 것
  - 하자를 알고 사면 담보책임을 물을 수 없다.
ⓓ 기간 - 안 날로부터 6월 제척기간에 걸린다.
  ★ 매수인의 손배청구권은 소멸시효가 적용된다.
ⓔ 법률적 장애 - 목적물의 하자에 해당하고, 하자의 존부는 계약 성립시를 기준으로 판단한다(대판).
  ★ 경매에서 물건의 하자는 **담보책임을 물을 수 없다.**
  <경매의 안정성 확보를 위해서 - 경매끝나고 소소한 하자로 경매를 뭉개면 안돼!!!>

암기TIP (선)(무)당이 (법적장애)를 (물건하자)라고 (6월)내 (손배청)!

[나] 권리의 하자 - 5개 레벨3

매도인 甲
토지 1천평 ↔ 매수인 乙의
권리는?

매수인이 <u>선의·악의 불문하고</u> 주장할 수 있는 카드?
🗝️*암기 TIP* 전<해>, 일<감>, 저<손해>!!!
- 나머지[수량부족 / 용익권의 제한]는 매수인이 선의일 것

① 전부 타인소유의 매매<1천평 전부가 타인소유>

- ㉠ 매수인은 선의·악의 불문하고 해제할 수 있다.
- ㉡ 선의이어야 손배(**이행이익배상**) 청구할 수 있다.
- ㉢ 특칙 - 매도인이 선의면 손해배상하고 해제할 수 있다.
- ㉣ 명의신탁자가 명의신탁된 부동산을 매매시 타인권리의 매매가 아니다.

② 일부타인소유의 매매<1천평 중 1백평이 丙소유>

- ㉠ 매수인은 선의·악의 불문하고 감액청구할 수 있다.
- ㉡ 선의인 매수인은 감액 또는 해제 외에 손배청구할 수 있다(제 572조).
- ㉢ 선의면 (   )로부터 1년, 악의면 (   )부터 1년
- ㉣ 잔존부분만이면 매수하지 아니할 사정 있으면 선의인 매수인 은 계약전부를 해제○

③ 수량부족, 일부멸실<2백평 수량이 원시적으로 부족>

- ㉠ 선의이어야 대금감액 또는 해제 외에 손배청구○
- ㉡ 매수인이 **악의면 아무 권리 주장 못한다(악의면 꽝).**
- ㉢ 계약체결상의 과실책임을 물을 수 없다.
- ㉣ 일부무효를 원인으로 부당이득반환청구를 할 수 없다.

④ 용익권의 제한<전세권, 지상권, 유치권의 목적>

㉠ 선의이어야 해제, 손해청구할 수 있다(감액 불가).
㉡ 매수인이 **악의면 아무 권리도 주장 못한다(악의면 꽝).**
㉢ 목적 달성할 수 없을 때에 한하여 해제○

⑤ 저당권(가등기)의 실행(제576조) - 매매의 목적이 된 부동산에
설정된 저당권 또는 전세권의 행사로 매수인이 소유권을 잃은 때
매수인은 [선의·악의 불문하고] **계약을 해제**할 수 있다.

㉠ 선의·악의 불문하고 손해청구, 해제할 수 있다.
㉡ 매수인의 출재로 소유권을 보존한 때는 출재액상환○
㉢ **저당권이 설정**된 상태에서는 담보책임을 물을 수 없다.

[다] 경매의 하자 [레벨3]

사례 甲소유 토지 5백평이 채권자 A의 경매로 乙에게 낙찰되었는데
토지에 하자가 존재함

<요건> ① 경매가 무효가 아니라 경매는 유효할 것
        ② 물건의 하자가 아니라 권리의 하자일 것
<효과> 1차책임은 채무자에게 해제 또는 감액 청구
        채무자가 자력이 없을 땐 **2차**적으로 배당받은 **채권자**에게!!

```
                          A(채권자)
                         ╱        ╲
               甲토지 ╱_____╲ 乙낙찰자
                          (경매)
```

① 물건의 하자는 담보책임을 물을 수 없다.
② 채무자 甲에게 손해배상을 청구할 수 없음이 원칙이다.
  ★ 채권자가 **흠결**을 알고 **경매신청한 때**에는 낙찰자는 손해배상
    청구를 할 수 있다.
③ 경매가 무효면 담보책임을 물을 수 없다.
  ★ 경매가 무효면 낙찰자는 배당받은 **채권자에게** 부당이득반환
    을 청구한다.

(3) 관련 문제

① 담보책임과 착오요건을 갖춘 경우

매수인은 담보책임의 성립 여부와 관계없이 착오로 취소할 수 있다(대판).

② 담보책임과 채무불이행책임의 경합

매매의 목적물에 하자가 있는 경우 매도인의 <u>하자담보책임과 채무불이행책임</u>은 별개의 권원에 의하여 경합적으로 인정된다. 따라서 매매목적물인 토지에 폐기물이 매립되어 있고 매수인이 폐기물을 처리하기 위해 비용이 발생한다면 매수인은 그 비용을 제390조에 따라 채무불이행으로 인한 손해배상으로 청구할 수도 있고, 제580조 제1항에 따라 하자담보책임으로 인한 손해배상으로 청구할 수도 있다(대판).

③ **담보책임과 사기와의 경합**

매도인의 기망에 의하여 하자 있는 물건임을 매수인이 모르고 매수한 경우, 사기에 의한 취소와 하자담보책임이 경합한다.

(4) 환매 [레벨1]

매도인 甲 (환매권자)	매매 → ← 환매	매수인 乙

① 환매의 특약은 매매와 동시에 하여야 한다(매매가 무효면 환매도 무효).

   ★ 환매권의 보류를 등기해야 제3자에게 대항O

   ★ 환매특약의 등기는 처분금지효력이 없으므로 매수인은 제3자의 소유권이전요구를 거절할 수 [있다 / 없다].

② 환매기간은 5년이고 이를 다시 연장할 수 없다.

   ★ 기간 내 환매를 못하면 목적물은 매수인에 귀속한다.

③ 환매권자가 환매의사를 표시하여도 매도인명의로 소유권이전등기를 하여야 **소유권이 복귀**한다.

   ★ 환매권자 앞으로 소유권이전등기를 경료하지 않은 상태에서 그 부동산을 가압류한 자에게 환매권자는 소유권을 주장할 수 있나? 없다.

④ 나대지에 환매특약 상태에서 매수자가 나대지에 건물을 신축하였다가 매도인이 환매권을 행사하면 건물에 관습상 지상권이 성립하는가? 성립하지 않는다.

⑤ **환매권**: 양도할 수 있으므로 일신전속권이 아니다.

1. 의의

(1) 의의 - 쌍방이 **금전 이외의 재산권**을 상호이전할 것을 약정한 때 성립하는 쌍무, 유상, 낙성, 불요식 계약이다.
   ★ <u>낙찰대금 완납 전 타인소유물의 교환</u>도 유효하다.

(2) 보충금이란? [레벨1]

> ① 매매대금의 규정을 준용한다.
>   <u>보충금의 이자</u>는 목적물을 인도받은 때부터 지급한다.
>
> ② 보충금을 지급하면 매매가 성립한다(×).
>
> ③ 보충금을 지급하지 않으면 교환계약을 해제할 수 있다.
>
> ④ 乙이 보충금에 갈음하여 甲이 부담한 은행의 근저당부채 <u>5천 만원을 인수한 경우</u> - 乙이 인수한 부채 5천만원을 제외하고 빌라를 넘겨주면 교환계약상 의무를 다한 것이다.

2. 효력 [레벨2]

(1) 목적물에 하자가 존재하면 담보책임이 준용된다.

(2) 위험부담의 법리가 인정된다 - 甲소유 노래방이 태풍으로 멸실 시? 乙의 빌라 인도의무도 소멸한다.

(3) 일방이 목적물의 시가를 묵비한 경우 - 상대방의 의사결정에 간섭한 것이 아니므로 사기 불성립

03 임대차: 임대인 [사용하게 해줄의무] - 임차인 [차임]

1. 의의

(1) 임대인이 **목적물을** 사용·수익하게 할 것을 약정하고 임차인은 차임을 지급할 것을 약정한 때 성립한다.

　　<쌍무, 유상, 낙성, 불요식 계약이다>

　① 임대차는 채권계약이다.

　② 처분권 없는 자의 임대차 계약도 유효하다.

　③ 차임이 필수이고 보증금은 요소가 아니다.

(2) 임차권의 대항력 [레벨1]

건물소유목적 토지임대차에서 건물을 등기하면 제3자에게 대항력이 생긴다(제622조). <콩나물 공장 사건>

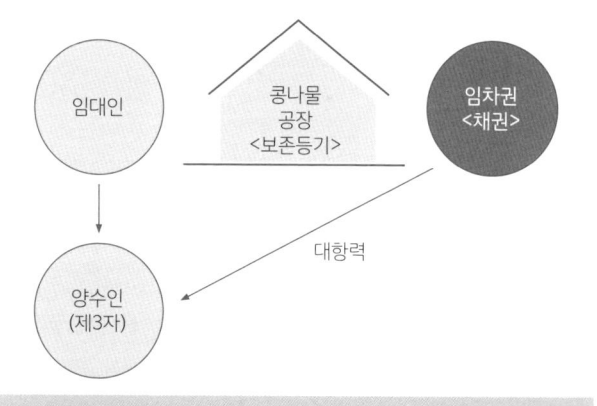

　① 건물 보존등기를 경료한 임차권자는 - 토지의 양수인에게 대항력이 생긴다(제622조).

　② 건물에 설정한 저당권의 효력은 토지임차권(지상권)에도 미친다. 건물 경락인에게 **건물과 함께 임차권(지상권)도** 이전한다.

　　<권리의 종물이론>

2. 기간은?

① 최장기의 제한이 없다(영구로 정한 약정: 유효).
② 기간 약정 없는 때? 각 당사자는 언제든지 해지통고할 수 있다.
  - 임대인이 해지하면 6월 후 효력이 생긴다.
③ 묵시갱신 – 기간 만료 후 이의제기 없는 때 종전 임대차와 동일 조건으로 갱신된다. 이때 제3자가 제공한 담보는 기간의 만료로 소멸한다.

◦비교정리

「민법」상 임대차	양 당사자가 해지권	6월 / 1월
주택임대차	임차인만 해지권	3월 후

3. 임대차의 효력

(1) 임대인의 의무

① 임대인이 목적물을 사용·수익하게 할 적극적 의무부담
② 대규모 수선의무 – 임대인이 부담한다.
  소규모 수선의무 – 임대인이 부담하지 아니한다.
③ 숙박시설(일시 사용임대차)
  - 임대인이 **고객의 안전배려의무(보호의무)**를 부담한다.

(2) 임차인의 권리와 의무 [레벨3]

<빅3>	① 비용상환청구권(제626조)
	② 부속물매수청구권(제646조)
	③ 지상물매수청구권(제643조)

① 비용상환청구권(제626조)

> ㉠ 요건은?
> 목적물과 독립한 물건으로 되지 아니하고 목적물의 구성부분이 될 것(건물의 타일을 교체한 때)
>
> ㉡ 필요비 - 비용지출 즉시 상환청구할 수 있다.
>
> ㉢ 유익비 - 종료시 가액의 증가가 현존한 경우에 한해
>
> ㉣ 행사 기간 - 목적물을 반환받은 날로부터 6월 내
>
> ㉤ 상대방은?
> 비용지출 당시에 계약관계 등 점유권원을 가진 경우 계약관계의 상대방에게 제626조에 의거한 비용상환을 청구한다.
>
> ㉥ 규정의 성격?
> 비용상환청구권 규정은 임의 규정이다.
>
> ★ 비용상환청구를 포기하는 특약은 유효하다.
>
> ★ 임대차 종료시 원상복구특약은 비용상환청구권의 포기특약으로 유효하고, 유치권을 주장할 수 없다.

② 부속물매수청구권(제646조) - 건물임차인

> ⑦ 요건은?
>
> 　첫째, 토지가 아닌 건물의 임차인일 것 ★
>
> 　둘째, 임대차가 종료할 것
>
> 　셋째, 건물의 구성부분이 아닌 독립한 물건을 부착(태양광
> 　　　판넬)
>
> 　★ 임차인의 특수목적에 사용하기 위하여 설치한 간판은
> 　　매수청구의 대상이 될 수 없다.
>
> ⑥ 임대인의 동의 여부?
>
> 　임대인의 **동의를 얻고 부착**하거나 **임대인으로부터 매수한
> 　물건일 것** / 적법전대시 **임대인의 동의** 얻어 부속
>
> ⑥ 효과 - 임대인의 승낙없이 부속물에 대한 매매가 성립
>
> ② 유치권 여부? 부속물은 건물과 독립한 물건이므로 건물에
> 　유치권을 주장할 수 없다.
>
> ⑩ 규정의 성격? 부속물매수청구 규정은 강행규정이다.
> 　부속물매수청구를 배제하는 특약은 무효다.

★ 증축부분을 임대인소유로 귀속하는 약정은?

첫째, 임차인이 원상회복의무를 면하는 대신에 투입비용의 변상을
　　포기하는 약정으로 유효다. 따라서 임차인은 유익비상환청
　　구를 할 수 없다.

둘째, 건물의 부속물[임차인소유가 아니니까]에 해당하지 않는다.
　　따라서 위 약정은 부속물매수청구권을 포기하는 약정으로
　　강행규정에 반하여 무효다(×).

---

　⑪ 부속물매수청구를 할 수 없는 경우

> 　첫째, 2기의 차임연체로 채무불이행으로 해지된 경우
>
> 　둘째, 일시 사용 임대차의 경우
>
> 　셋째, 무단 전차인의 경우

③ 지상물매수청구권(제643조) - 토지임차인

종료
건물 현존 → 갱신청구권
(1차)NO / 매수청구권
(2차)

⊙ **대상 건물은?**

임대인의 동의 불문, 관청의 허가 불문, 경제성을 불문, 임대인의 효용 불문, 근저당권설정 불문[묻지마 ~]

★ 임대인 땅과 제3자 땅에 걸쳐있는 경우 구분소유의 객체가 되는 부분만 매수청구대상이다(전합).

⊙ **매수청구권자는?**

지상물의 소유자다. 건물을 신축한 임차인이 **건물을 타인에 양도**한 경우 매수청구할 수 없다. ★

⊙ **상대방은? 토지임대인이 원칙**이다.

다만, 임대인이 토지를 양도한 경우 토지임차인이 대항력을 갖춘 경우 토지**양수인에게** 매수청구할 수 있다.

⊙ **방법은?**

1차적으로 갱신청구하고 임대인이 거절하면 2차적으로 지상물매수청구 한다.

★ 기간 없는 임대차를 임대인이 해지 통고한 경우, 이는 미리 갱신거절한 것으로 임차인은 갱신청구없이 즉시 매수청구할 수 있다(전합).

★ 차임2기연체로 인한 채무불이행으로 해지된 경우 지상물매수청구할 수 없다.

⊙ **효과** - 임대인의 승낙 없이 지상물의 매매가 성립한다.
임대인의 건물대금의무와 임차인의 건물인도의무는 **동시이행관계에 있다**(대판).

⊙ **성격** - 지상물매수청구권을 배제하는 약정은 무효다.

④ 차임증감청구권 - 사정변경의 원칙에 기초함

> ㉠ 지료증감청구권(지상권)
> ㉡ 전세금증감청구권(전세권) → 증액청구 즉시 발생
> ㉢ 차임증감청구권(임대차) (형성권이니까 즉시발생)

⑤ 임차인의 의무

　㉠ 차임지급의무

> ⓐ 2기의 차임을 연체한 때는 계약 해지〇[상가: 3기연체]
> ⓑ 임대인의 지위가 양수인에게 승계되는 경우?
> 　이미 발생한 연체차임채권은 양수인에게 승계되지 않는다.
> ⓒ 임차물의 일부가 임차인의 과실 없이 일부멸실시?
> 　차임감액청구 할 수 있다.
> ⓓ 필요비를 지출한 금액 한도에서 차임지급을 거절할 수 있다.

　㉡ 선관주의의무 · 반환의무

> ⓐ 원인 불명인 화재로 인한 책임을 면하려면?
> 　건물보존에 관한 선관주의의무를 다했음을 임차인이 입증해야
> ⓑ 화재가 임대인의 관리영역에서 발생시 임차인은 책임×
> ⓒ 임차 외 건물부분에 발생한 손해는?
> 　임대인이 임차인의 관리, 보존의무 위반을 입증해야 한다(전합).

　㉢ 원상회복의무는 임차물을 「인도받았을 상태」로 회복시켜야 하고 임대 당시 용도에 맞게 다시 사용할 수 있도록 협력의무. 즉 영업허가에 대한 「폐업신고절차」를 이행할 의무도 포함된다.

⑥ 차임을 지급하였다는 입증책임 - 임차인

- 보증금을 지급하였다는 입증책임 - 임차인
- 보증금을 반환하였다는 입증책임 - 임대인
- 종료 후 계속 사용하였다면 - 부당이득반환〇

4. 양도 · 전대차 ★★ 레벨3

(1) 무단양도(임대인의 동의 없이 양수도 계약)

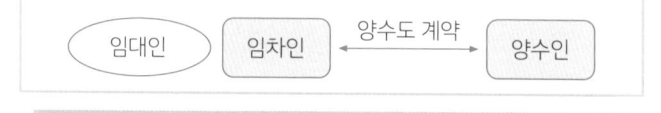

① 임대인의 동의는 대항요건이다.　　**밝기 TIP** 동의대!!

　　㉠ 임대인의 동의는 <효력발생요건 아니다> - 임대인의 동의 없는 양도는 **당사자 사이에 유효**하나 임대인에게 대항할 수 없다.

　　㉡ 임대인의 동의 없는 양도는 유동적 무효다(x).

② 임차인은 임대인의 동의를 받아 줄 의무가 있다.

③ 임대인은 임대차 종료 전 - 임차인에게 여전히 차임을 받을 수 있으므로 양수인에게 손배청구할 수 없다. ★★

④ 임대인은 임대차 계약을 해지할 수 있다.

⑤ ★ 임대인의 해지권이 제한되는 "특별한 사정"

　　㉠ 양도인과 양수인이 **부부관계라는 특별한 사정**이 있을 때 임대인은 해지할 수 없다. ★★

　　㉡ 건물의 **소부분을 임대차**한 경우 ★ - 해지할 수 없다.

(2) 무단전대(임대인의 동의 없이 전대한 때)

① 임대인의 동의 없는 전대차 계약은 유동적 무효가 아니고 유효다.

② 임대인은 무단전차인에게 직접차임을 청구할 수 없다.

③ 무단전차인은 부속물매수청구, 지상물매수청구할 수 없다.

(3) 적법전대(임대인의 동의 얻고 전대한 때)

① 임대인 보호 특별수단 - 2개

> ㉠ 전차인은 직접 임대인에게 차임 지급할 의무가 있다.
>
> [전차인은 「차임지급기일 전」에 **전대인에 대한 차임지급**으로써, 임대인에게 대항하지 못한다(제630조)]. - 그러면 2중 지급하게 됨
>
> ㉡ 전차인이 직접 임대인에게 목적물 명도시 전대인에 대한 명도의무가 [소멸한다 / **소멸하지 않는다**].

② 전차인 보호 특별수단 - 4개

> ㉠ 甲·乙간 임대차를 합의해지한 경우 - 전차권은 소멸하는가? [소멸한다 / **소멸하지 않는다**].
>
> ★ 甲·乙간 임대차가 乙의 **채무불이행으로 해지**된 경우? 전차권은 소멸한다.
>
> ㉡ 매수청구권 보장 - 적법전차인에게 지상물매수청구권, 부속물매수청구권이 인정된다.
>
> ㉢ 전차인의 갱신청구 보장 - 임대차와 전대차가 동시에 만료되고 지상시설이 현존하는 경우에 전차인은 임대인에 대하여 종전의 임대차와 동일한 조건으로 임대할 것을 청구할 수 있다(제644조).
>
> ㉣ 기간 **없는** 임대차를 甲이 <해지통고>시 전차인에게 통지해야 대항할 수 있다.
>
> ★ 임차인의 **2기 차임연체로 임대인이 임대차를 해지**시 전차인에 통지 없이 대항할 수 있다.

5. 보증금

① 임대인은 보증금을 연체차임에 충당할 수 있다. 그러므로 임차인은 보증금의 존재를 이유로 차임지급을 거절하지 못한다.

② 임차인이 필요비를 지출한 경우 임대인의 차임청구를 거절할 수 있다.

③ 종료 후 동시이행항변권으로 거주시 – 불법행위가 아니다. 실제 사용하였다면 부당이득반환의무가 성립한다.

6. 특별규정

(1) 임차인에게 불리한 것으로 강행규정인 것은?

① 차임감액청구권

② 기간 없는 임대차의 해지통고

③ 차임 연체시 해지규정

④ 매수청구권 규정

★ 임차인에게 불리한 것이어도 유효인 것?

㉠ 비용상환청구권 규정

㉡ 양도 · 전대시 임대인의 동의 규정

(2) 일시 사용 임대차에도 적용되는 규정은?

비용상환청구권 규정

PART
04

민사특별법

민사특별법 체계도

민사특별법
1. 주택임대차보호법
2. 상가건물 임대차보호법
3. 가등기담보 등에 관한 법률
4. 집합건물의 소유 및 관리에 관한 법률
5. 부동산 실권리자명의 등기에 관한 법률

★ 최근 5개년 2~3회 기출
★★ 최근 5개년 4~5회 기출

레벨1 난이도 하
레벨2 난이도 중
레벨3 난이도 상

CHAPTER 01 주택임대차보호법

1. 의의

「민법」의 특별법 / 임차인에게 불리한 약정은 무효다.

① 주거용<판단기준: 실제용도> 건물의 임대차에 적용된다.

② 미등기 건물에도 적용된다.

③ 소유자 아닌 적법한 임대권한을 가진 자와 계약을 체결한 경우 적용된다[판례 담보신탁을 맡긴 위탁자가 수탁자 명의로 된 빌라를 임대준 경우].

④ 일시 사용 임대차에는 적용×

2. 최단 기간보장

기간의 정함이 없거나 2년 미만인 때는 2년으로 본다.

① 최단기는 2년 보장. 1년 계약시 **임차인**은 1년이나 2년 선택

② **묵시갱신**: <종료 6월에서 2월 전> 갱신요구 없으면 <u>2년</u>

　㉠ 2기 연체시 묵시갱신 인정 안 된다.

　㉡ 임차인만 언제든지 해지권 **있고** 3월 후 효력발생한다.

③ **갱신요구권**: <종료 6월에서 2월 전> 갱신요구시 2년으로 본다.

　㉠ 1회에 한하여 갱신요구○ - 기존 2년 + 신규 2년 = 4년 차임과 보증금은 증감청구○

　㉡ 임차인만 언제든 해지할 수 있고 3월 후 해지된다.

　㉢ 갱신요구 거절사유는? (상가임대차와 유사)
　　➡ 2기 연체시 / 임대인의 직계존비속이 실거주하려는 경우
　　➡ 동의 없이 전대 · 중과실로 파손, <u>2기</u> 연체, 재건축

3. **대항력 보장**[쟁점: 대항력 있는 임차권이냐? 아니냐?]

임차인이 인도와 주민등록을 마치면 익일 0시부터 <u>주택의 양수인에게</u> 대항력이 생긴다.

㉠ 임차주택의 <u>양수인</u>은 임대인의 지위를 자동 승계한다.

㉡ 임차인은 양수인에게 보증금반환청구한다.

㉢ 양수인이 임차인에게 보증금반환한 경우, 양도인에게 구상권 요구×

㉣ 양수인에게 승계 후 대항요건 상실시? 양수인의 보증금반환의무 는 존속

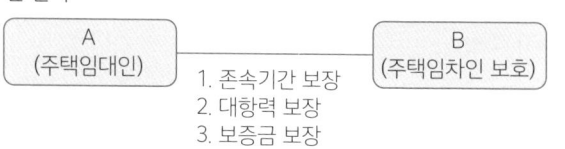

★ 임차권은 경매로 소멸한다. 다만 보증금이 모두 변제되지 아니한 <u>대항력 있는 임차권</u>은 소멸하지 아니한다.

---

① 본인이나 가족의 주민등록도 유효하다.

  ㉠ 간접점유시 인정 - 간접점유자인 임차인이 아니라 전차인 이 자신의 주민등록을 마친 경우에 대항력 인정

  ㉡ 다가구주택 - 지번만 일치 / 아파트는 동·호수 일치해야

  ㉢ 주민등록은 대항력의 취득요건이고 존속요건이다.

  ㉣ 세대원 전원이 전출하면 대항력이 소멸한다.

② **내용? 주택의 <u>양수인에게만</u> 보증금의 반환을 청구할 수 있다. 특별한 사정이 없는 한 <u>양도인</u>은 보증금반환의무를 면한다.**

③ 주택의 양수인에게 임대인지위가 승계되는 경우

  ㉠ 임차인의 주민등록이 저당권설정보다 선순위일 경우

  ㉡ 1번 저당 - 임차인 - 2번 저당에서 1번 저당이 소멸시

  ㉢ 임차임의 보증금반환채권에 가압류 후 건물양도시

  ㉣ 보증금반환채권을 압류 및 전부 후 건물양도시

  ㉤ 신탁자로부터 수탁자가 처분권을 이전받은 경우

④ 주택의 양수인에게 임대인지위가 승계되지 않는 경우

　㉠ <u>선순위저당권 성립 이후</u> 임차인이 주민등록을 한 경우

　㉡ 주택이 아닌 대지의 낙찰자 - 임대인의 지위를 승계×

　㉢ 중간에 낀 임차인 - 경매로 모두 소멸 / 낙찰자가 승계×

　㉣ 임차인이 이의제기한 경우[임차인이 승계거부권]

　㉤ 주택이 양도담보로 제공된 경우

4. 보증금회수의 보장

① 우선변제권<대항요건과 확정일자를 갖출 것>

　㉠ 계약을 체결하려는 자는 **임대인의 동의얻고** 정보요청

　㉡ 임차인이 **배당요구해야** 함 - 임대차의 종료 전에도 가능

　㉢ 주민등록이 유지될 최종시점은? 배당요구의 종기까지

　㉣ 주택과 대지의 환가대금에서 우선변제받는다.

　㉤ 우선변제는 주택이 미등기여도 인정된다.

　㉥ 보증금을 수령하기 위해서는 주택을 양수인에 **인도**할 것

　㉦ 대항력과 우선변제권을 겸할 때 - 임차인은 선택권

　㉧ 임대차계약을 체결하려는 자는 임대인의 동의 받아 확정일
자 부여기관에 정보제공을 요청할 수 있다.

　㉨ **임대인의 정보제시 의무**: 확정일자, 차임, 보증금, 납세증명
서 등

② 최우선변제권<대항요건만 필요> 확정일자는 요건 아님

　㉠ 보증금액이 소액일 것(보증금을 감액하여 소액임차인에 해
당한 경우 소액임차인으로 보호받는다)

　㉡ 사무실건물을 주거로 용도변경해도 적용된다.

　㉢ 주택이나 대지가 경매처분될 것 - 대지만 경매시도 인정

　㉣ 주택가액의 1/2에 한하여 우선변제를 받는다.

③ 임차권등기명령

<종료 후 보증금을 안 줄 때>: **임차권등기하고 떠나라!!!**

㉠ 임차주택 소재지 법원에(세무서 아님) 단독신청한다.

㉡ 효력 - 임차권등기 이후 대항요건을 상실해도 이미 취득한 대항력, 우선변제권을 상실하지 아니한다.

㉢ 임차권등기가 마쳐진 주택을 그 이후 임차한 자(바보)는 최우선변제권이 없다.

㉣ 임대인의 보증금반환의무와 임차인의 임차권등기말소의무는 동시이행관계가 아니다(대판).

㉤ **별도로 배당요구를 하지 않아도** 당연히 배당받는다.

   ✿확정일자부 우선변제권자는 「배당요구해야」 우선변제받음

④ 경매신청의 특례<집을 안 비우고 신청 가능하다>

㉠ 경매를 신청하는 경우 반대의무의 이행제공을 요건으로 하지 아니한다(집을 안 비우고 경매신청 가능).

㉡ 임차인이 경매로 보증금을 수령**하려면?** 주택을 양수인에게 인도하여야 한다. ★

5. 기타

① 차임증감청구권

  ㉠ 사정변경으로 증액 이후 1년 이내에는 할 수 없다.

  ㉡ 증액청구는 약정차임의 1/20을 초과할 수 없다.

② 임차권은 상속할 수 있다.

  ㉠ 임차인이 사망시 **상속인이 공동생활을 아니한 경우?**
  사실혼 배우자와 2촌 이내 친족이 공동승계한다.

  ㉡ 임차인이 **상속인 없이 사망한 경우?**
  사실혼 배우자가 단독승계 한다.

사례 중간에 낀 임차인 지위

> ### 甲소유 건물 - 乙[1번 저당] - 丙[임차권] - [2번 저당권]
>
> **甲소유의 건물이 경매처분된 경우 법률관계의 정리**
>
> ① 1번 저당, 임차권, 2번 저당권 모두 소멸한다.
>
> ② 임차권자는 낙찰자에게 임차권을 주장할 수 [있다 / 없다].
>
> ③ 낙찰자는 임대인의 보증금반환의무를 승계하나?
>
> ④ 丙이 배당을 전액받지 못할 때 낙찰자에게 임차권을 주장할 수 있나? [있다 / 없다].
>
> ⑤ 乙이 丙보다 우선변제받고 丙이 丁보다 우선변제받는다.
>
> ⑥ 경매에도 임차권이 생존하는 카드는?
> 1번 저당권을 대위변제하여 존속할 수 있다.

CHAPTER 02 상가건물 임대차보호법

1. 의의[쟁점 - 환산보증금 초과하나? 안하나?]

「민법」의 특별법 / 임차인에게 불리한 약정은 무효다.

> ① 상임법의 적용요건 3가지는?
> 첫째, 사업자등록의 대상이 되는 상가건물일 것
> 둘째, 영리목적일 것 <창고를 제조활동과 영리를 겸할 때>
> 셋째, 환산보증금 이하일 것 <서울 9억원 이하>
>
>   ⊙ 환산보증금액수를 초과하는 임대차도 적용되는 것
>   암기 TIP 갱**신요구권 -** 대**항력 -** 권리금 - 3기**연체**
>   ⓒ 환산보증금을 초과시 인정되지 않는 것?
>   암기 TIP 임 · 우 · 기, 확정!!!
>   임차권등기명령, 우선변제권, 기간보장, 확정일자
> ② 9억원 초과시 / 일시 사용 임대차 / 사업자등록이 되지 않은
> 상가는 상임법이 적용되지 않는다.

2. **기간보장**(기간의 정함이 없거나 1년 미만시 - 1년)

① 최단기 1년 보장 - **임차인만 1년 미만 주장**할 수 있다.

② 묵시갱신되면 1년으로 본다. 임차인만 언제나 해지O

③ 갱신요구권(최초임대차를 포함하여 10년 보장)
   ㉠ 보증금 액수제한 없이 인정
   ㉡ 5% 범위에서 차임과 보증금을 증액O

④ 환산보증금 초과시
   ㉠ 기간 6월로 약정하였다면, 「민법」의 규정이 적용되어 「양 당사자」가 6월을 주장O · 1년을 주장하지 못한다.
   ㉡ 기간약정 없는 임대차의 경우. 임차인에게 <u>갱신요구권</u>이 인정되지 않는다.

⑤ 임대인이 갱신요구를 거절할 수 있는 사유(8개 중 암기)
   ㉠ 동의 없이 전대한 경우
   ㉡ 중과실로 파손한 경우
   ㉢ 3기 차임 연체한 사실
   ㉣ <u>재건축</u>

   암기 TIP 동산중 3학년 때 떡볶이집 재건축!!!

   <중과실>로 파손하면? 갱신요구할 수 [있다 / 없다].
   　　　　　　　　　임대인은 갱신거절할 수 **있다**.

   <경과실>로 파손하면? 임대인은 갱신거절할 수 **없다**.

⑥ 상가공유자가 갱신요구를 거절하는 행위는? 관리행위

3. 대항력 보장〔사업자 등록을 신청한 날의 익일부터 대항력〕

① 임차건물의 양수인은 임대인의 지위를 자동승계한다.
임차인은 건물양수인에게 보증금반환을 청구○

② 사업자등록은 대항력의 취득요건이고 존속요건이다.

　㉠ 영업을 폐쇄한 경우 대항력은 소멸한다.

　㉡ 폐업신고를 하였다가 다시 같은 상호로 사업자등록을 하면
그때부터 새로운 대항력이 발생한다. ★

　㉢ 임차인이 전대를 하여 전차인명의로 사업자등록을 하면 임
차인의 대항력이 유지된다.

③ 상가가 양도되면? 양수인이 보증금반환의무를 승계한다.

　㉠ 양도 전 발생한 연체 차임채권은 별도의 승계절차가 없는
한 승계되지 않는다.

　㉡ 연체차임은 **양도인만** 임차인에게 청구할 수 있다.

　㉢ 건물에 가등기 경료한 후 비로소 대항요건을 취득한 임차
인은 **가등기권리자가 본등기를 하면 <새주인에게>** 임차권
을 주장할 수 없다.

4. 보증금회수 보장

① 우선변제권(대항요건과 확정일자 – 세무서장이 부여)

　㉠ 대항요건은 배당요구의 종기까지 존속하여야 한다.

　㉡ 양수인에게 인도하지 않으면 보증금을 수령할 수 없다.

② 최우선변제권<소액 + 대항요건만 갖추면 된다>

③ 임차권등기명령<종료 후 보증금 안 줄 때>
등기비용은 임대인에게 청구할 수 있다.

④ **경매신청의 특례**: 반대의무의 이행제공을 요건으로 하지 않는다.
<상가를 안 비우고 경매신청가능하다>

5. 권리금회수기회 보호

손해배상청구　　　　권리금 수수

甲(임대인) ── 乙(임차인) ── 丙(신규임차인)
　　　　방해행위　　　권리금 계약

① 요건은?
　임대인은 임대차 종료 6월 전부터 종료시까지 권리금회수기회
　방해금지의무
② 임대인이 신규인차인에게 <권리금을 요구하거나>, <고율의
　차임을 요구>하는 행위는 권리금회수기회 방해다.
③ 권리금회수기회 방해로 인한 손해배상? 방해행위시가 아니라
　<u>임대차가 종료한 날로부터 3년</u> 이내 시효에 걸린다.
　㉠ 임차인의 목적물 반환의무와 임대인의 권리금회수 방해로
　　인한 손해배상의무는 동시이행관계가 아니다.
　㉡ 임대차 기간 10년이 경과하여 더 이상 갱신요구를 할 수 없
　　는 경우, 임대인은 권리금회수기회 보호의무 부담
④ 임대인이 임차인의 권리금회수기회 보호의무를 거절할 정당한
　사유는?
　㉠ 신규임차인에게 **자력이 없는 경우**
　㉡ 신규임차인이 임차인으로서의 **의무를 위반할 우려**
　㉢ 1년 6월 이상 영리목적으로 사용하지 아니한 경우
　　ⓐ 임대인과 신규 소유자의 비영리 사용기간을 합쳐서 1년
　　　6월이어도 정당한 사유 인정
　　ⓑ 신규임대계약 체결시 기준으로 1년 6월 비영리사용(×)
　　ⓒ 임대인이 1년 6월 비영리사용계획(×)

★★ 상임법 제10조 제1항 제1호~8호

암기 TIP 동산중 3학년 때 떡볶이집 재건축!!!-

동의 없이 전대 / 중과실로 파손 / 3기연체 / 재건축 등

➡ **임대인의** 갱신요구거절사유이고 동시에 임대인이 권리금회수기회 보호의무를 부담하지 않는다.

판례 10년이 경과하여 임차인이 갱신요구를 할 수 없는 상황이라면 임대인은 임차인의 권리금회수기회 보호의무를 부담하는가? 판례는 부담한다는 입장이다.

CHAPTER 03 가등기담보 등에 관한 법률

1. 의의

금전 채권자가 폭리 취하는 구조를 규제하려는 목적

채무자 (가등기 담보설정자)	소비대차로 1억원 차용	채권자 (가등기 담보권자)
건물시가 4억원(담보물)		청산금 주고 집 뺏어라

2. 적용요건

① 소비대차로 금전을 차용할 것

  ㉠ **토지매매금채권을 담보**하기 위한 경우 적용 안 된다.

  ㉡ 매매대금 채권확보가 주목적이고 대여금채권의 확보는 부수적인 경우 적용 안 된다.

② 담보물의 시가가 차용액보다 클 것

  ㉠ 만약 미달이라면 **본 법률이 적용되지 않으므로** 청산금 통지절차가 필요 없다.

  ㉡ 선순위 저당권(1억원)과 소비대차로 차금 2억원의 경우 「담보물 시가」가 3억원 이상일 것

③ 등기·등록을 한 상태일 것

  ㉠ 담보계약이 체결되었으나 채권자 앞으로 **이전등기가 경료되지 않은 경우** 본법률이 적용되지 않는다.

  ㉡ 채권자 아닌 제3자명의 가등기의 유효성?
  3자간 합의라는 특별한 사정이 있으면 유효다.

3. 효력

① 저당권의 성질이 준용된다.

    ⑦ 채권과 가등기담보권은 함께 **같이 이전**한다.

    ⓒ 가등기담보권의 피담보채권의 범위는 **저당권과 같다.**

    ⓒ 매매예약서상 매매대금은 편의상 기재하는 것에 불과하고, 가등기의 피담보채권액이 매매예약서상 기재된 매매대금의 한도로 제한되는 것이 아니다. ★

② 담보물의 사용·수익권자는? 가등기설정자에 있다.

4. 담보권의 실행(귀속청산과 경매실행 중 선택할 수 있다)

(1) 귀속청산 3단계

① 청산금의 통지

    ⑦ 청산금은? 집의 시가 – <저당채권 + 가등기채권>

    ⓒ 채권액 산정에 담보가등기보다 **선순위 채권액**은 포함하나 <u>후순위채권액은 포함하지 않는다.</u>

    ⓒ 청산금의 평가방법은? 자기 멋대로 주관적인 저평가를 해도 유효(객관적인 평가액에 미달하여도 담보권의 실행통지의 효력은 유효)

    ⓔ **청산금이 없는 경우**: 없다는 뜻을 통지해야 한다.

    ⓜ 평가액과 채권액 모두 통지를 해야 한다.

    ⓗ 통지의 상대방은? 채무자, 물상보증인, 모두에게 청산금통지 없이 가등기에 기한 본등기를 마쳐도 무효다.

    ⓢ 통지의 구속력 – 통지된 금액을 다툴 수 없다.

② 청산기간 2월 - 이 기간을 거치지 않고 본등기시 무효다.

    ⑦ **청산금 지급할 여지가 없는 경우** 과실수취권자는? 채권자

    ⓒ 청산금이 **남아있는 경우** 2월이 경과해도 과실수취권자는 채무자이다.

③ 청산금 지급의무와 **소유권이전등기**: <동시이행 관계다>

　㉠ 가등기담보권자는 **청산금지급절차를 거쳐서** 본등기를 해야 소유권을 취득한다.

　㉡ 청산금의 지급 없이 본등기시 무효이나 사후에 청산금을 지급하면 실체에 부합하는 유효한 등기다.

　㉢ 채무자의 **채무변제의무와** 채권자의 **가등기말소의무**는 동시이행관계가 아니다.

(2) 경매에 의한 실행

① 경매의 경우 가등기는 **저당권으로** 본다. 가등기에 기하여 본등기를 할 수 없고 가등기는 소멸한다.

② 담보가등기냐, 청구권보전가등기냐의 구별기준은?
형식적으로 결정되는 게 아니라 **당사자의 실제의사**로 구별한다.

③ 경매시 채권액의 신고는 담보가등기만 한다.
기간 안에 채권액신고를 하지 않은 담보가등기는 배당받을 권리를 상실한다.

(3) 후순위권리자의 보호

① 후순위권리자는 청산금에 불만시 <청산기간에 한하여> 변제기 전에도 경매청구할 수 있다.

　★ 이는 가등기권리자의 귀속청산을 막기 위한 조치로 강제경매가 행해지면 가등기권리자는 본등기를 청구할 수 없고, 가등기는 매각으로 소멸한다.

② 채무자가 청산금에 대한 권리를 빼돌려 양도한 경우?
이로써 **후순위권리자에게 대항하지 못한다.**

5. **양도담보권**(금전차용하고 채권자에 소유권이전등기 경료)

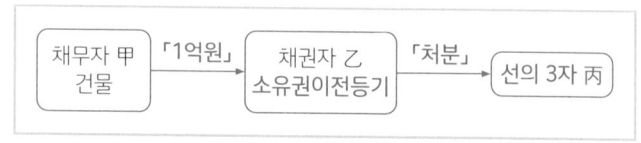

① 담보물의 소유권, 사용수익권자는? 甲이다.
   제3자가 침범한 경우 甲은 <u>소유권에 기해</u> 방해배제청구O

② 乙은 귀속 청산절차를 거쳐서 소유권을 취득한다. 이때 乙에게는 소유권. 양도담보권 두 개의 권리가 존재하나 혼동으로 양도담보권이 소멸한다. ★

③ **<u>양도담보 설정한 이후 임차권자</u>가 점유 · 사용시?**

   ㉠ 채권의 변제기 전이면? 乙은 丙에게 인도청구할 수 <u>없다.</u>

   ㉡ 채권의 변제기 도래 후? 乙은 양도담보권 실행절차를 거쳐 丙에게 인도청구할 수 있다. 乙은 소유권으로 인도청구x

④ 채무자는 **채무**변제하고 소유권이전등기말소를 청구O

   ㉠ 채무자는 변제기로부터 10년 내에 말소청구할 수 있는데 이는 제척기간이다.

   ㉡ 10년 경과시 채권자는 청산금지급할 의무가 있다.

   ㉢ 채무자의 채무변제의무와 채권자의 소유권이전등기말소의무는 동시이행이 아니다. ★

⑤ 채권자가 <청산절차 없이 제3자에게 처분>하였고 제3자가 선의인 경우? 제3자는 유효하게 취득한다. 이때 甲은 선의인 丙의 소유권이전등기말소를 청구할 수 [있다 / 없다].

CHAPTER 04 집합건물의 소유 및 관리에 관한 법률

1. **구분소유권**(전유부분을 대상으로 한다)

① 구분소유권의 성립요건은? 구조상 독립성과 구분행위가 필요
   건축물대장에 등록 없이도 구분소유권은 성립(전합)

② 전유부분과 공용부분은 분리하여 처분할 수 없다.

③ 규약으로 달리 정함이 없는 한 전유부분과 대지사용권을 분리
   하여 처분할 수 없다.

2. 공용부분

① <u>구조상</u> 공용부분(계단·엘리베이터)은 등기 불요

  ③ <u>규약상</u> 공용부분(노인정·관리실)은 등기를 요한다.

  ⓒ 공용부분의 판단 기준은? 객관적인 용도로 한다.
    일부공용부분인지의 판단기준은 객관적 용도로 한다

  ⓒ 공용부분의 분할청구 여부? 분할청구할 수 없다.
    구조상 공용부분의 득실변경은 등기를 요하지 아니한다.

② 공용부분의 <u>**사용**</u>은? 지분비율 아니고 용도대로 한다.

  ③ 공용부분의 관리는 지분비율로 한다.

  ⓒ 공용부분을 독점하여 점유시? 부당이득반환의무가 있다.
    다른 구분소유자는 보존행위로 인도청구×[전합]

  [주의] 「적정 공유지분」을 가진 자는 용도대로 사용할 수 있으므로 다른
      구분소유자에게 부당이득반환의무가 없다(전합).

  ⓒ 공용부분의 변경은? 입주자의 **2/3의 동의** 필요
    노후화 억제필요? 구분소유자의 4/5 동의

③ 공용부분의 관리비의 새 주인에게 승계 여부?

  ③ 전유부분의 체납관리비는 승계×

  ⓒ 공용부분의 체납관리비는 승계○

  ⓒ 공용부분관리비의 연체료는 승계×

④ 아파트 층 사이의 하자로 손해시? 공용부분의 하자로 추정

⑤ 집합건물의 공용부분은 취득시효를 할 수 없다(대판).

3. **대지사용권**: 구분소유자가 건물대지에 대해 갖는 권리

① 법원의 강제경매로도 전유부분과 대지사용권은 분리처분할 수 없다.

② 전유부분에 설정한 저당권(가압류)효력은 대지권에도 미친다.

③ 대지는 분할청구할 수 없다.

4. 구분소유자의 의무 · 권리

① 공동의 이익에 어긋나는 행위(층간소음)의 금지

ㄱ 위반하면 <u>구분소유자 아닌 관리인</u>이 행위 정지청구○

ㄴ 3/4의 특별결의로 관리인이 사용금지청구○

② 하자담보책임의 추궁

ㄱ 추궁주체는? 최초 분양받은 자가 아닌 현재의 양수인

ㄴ 전유부분의 기산점은? 입주해 인도받은 날부터

ㄷ 공용부분의 기산점은? 사용승인일로부터

ㄹ 손해배상청구권의 기산점은? 각 하자 발생일부터

5. 관리

① 관리단 - 입주자로 구성된 단체 / 당연히 성립한다.

② 관리인 - 구분소유자가 아니어도 무방하다.
구분소유자가 10인 이상이어야 선임한다.
관리위원회 위원이 될 수 없다.
관리인이 공용부분의 보존행위시 관리위원회 동의를 요한다.

③ 관리위원회 위원 - 구분소유자 중에서 선임한다.

④ 규약설정 · 변경 · 폐지 - 3/4 이상

⑤ 서면 · 전자적 방법 결의(4/5 이상)

ㄱ 관리인의 선임은 서면결의로 가능

ㄴ 서면결의시 관리단 집회를 소집 · 개최할 필요가 없다.

★ <u>결의취소의 소</u> - 결의내용 · 절차의 법령위반에 경미한 하자시
결의일로부터 1년 이내 결의취소의 소 제기

★ <u>무효확인의 소</u> - 중대한 하자 존재할 때(대판)

6. 재건축

① 현저한 효용의 증가가 있으면 가능하다.
주거용을 헐고 상가로 신축하는 것도 허용된다.

② 4/5의 결의
서면결의로 재건출 결의를 할 수 있다.
반대자에 서면최고시 회답 없으면? 불참처리

③ 비용분담액을 산출하지 아니한 결의는 무효다.

④ 조합에게 시가매도청구권이 발생한다.

CHAPTER 05 부동산 실권리자명의 등기에 관한 법률

1. 의의 및 적용 여부

① 명의신탁이란?
실권리자가 대내적 소유권을 보유하고 등기는 수탁자에게 하기로 하는 약정을 말한다.

② **명의신탁의 금지대상**: 모든 물권이다.

③ 적용제외 4가지 [암기 TIP] **양·가·신·상!!!**

ⓐ 양도담보 ⓑ 가등기담보 ⓒ 신탁등기 ⓓ 상호명의신탁

④ 특례<종중, 배우자, 종교단체간 탈세 목적 없으면 유효>

ⓐ **탈세목적 없으면** 명의신탁은 유효하다.

ⓑ 신탁자는 명의신탁의 해지로 소유권을 회복할 수 있다.

ⓒ **탈세목적 있으면** 무효로 명의신탁 해지로 회복할 수 없고, 수탁자를 상대로 침해부당이득으로 소유권이전등기청구할 수 없다.

ⓓ 제3자가 불법점유시? 신탁자는 직접 소유권에 기하여 방해배제청구할 수 [있다 / 없다].

⑤ 명의신탁의 무효를 「제3자」에 대항할 수 없는 때

ⓐ **제3자에 해당하는 때**: 수탁자의 물권에 가압류자 등

ⓑ **제3자에 해당하지 않는 때**: 수탁자의 상속인, 수탁자로부터 등기명의만을 경료받은 외관을 갖춘 자, 수탁자(학교법인)의 기본재산처분에 대한 허가권자

2. 2자간 명의신탁

① 명의신탁약정, 소유권이전등기는 무효다.
  ㉠ 농지를 타인에게 명의신탁으로 이전등기한 것은 불법원인 급여인가? 아니다.
  ㉡ 신탁자는 명의신탁의 해지로 소유권이전등기청구×
  ㉢ 신탁자는 진정명의회복으로 이전등기를 청구○
  ㉣ 수탁자가 제3자에 처분하여 제3자가 소유권을 취득하면? 신탁자는 소유권을 회복할 수 없다. 그 후 우연히 수탁자가 다시 회복시? 신탁자의 물권적 청구권은 인정×(전합)

② 명의신탁약정의 무효는 [선의·악의 불문하고] 제3자에 대항할 수 없다(제4조 제3항). ★★
  ㉠ 신탁자는 명의신탁약정의 무효로 선의·악의를 불문하고 제3자에게 대항할 수 없다.
  ㉡ 제3자가 선의인 경우에 한하여 유효하게 소유권을 취득한다.(×)
  ㉢ 수탁자의 처분행위에 제3자가 적극가담한 경우 무효다.
  ㉣ 수탁자로부터 다시 명의신탁으로 이전등기한 자는 제3자에 해당하지 않는다.

<상호명의신탁>

甲(구분소유) X		Y 乙(구분소유)

甲·乙이 5백평을 구분소유하면서 등기는 1/2씩 공유로 한 경우

① **내부관계**: 각자 소유권 주장

　㉠ 각자 배타적 사용O - 다른 구분소유자의 방해시 소유권에 기한 방해배제청구O

　㉡ 자기 구분소유하는 땅 처분시 **동의 없이** 가능하다.

② **외부관계**: 공유관계를 주장
제3자가 침해시 소유권이 아닌 공유물보존행위로 제거O

③ 상호명의신탁의 해소방법은? **상호명의신탁의 해지**로 할 수 있고 공유물분할청구로 할 수 없다.

④ 관습상 법정지상권 여부?

　㉠ 甲이 **자기 소유 땅**에 건물신축하고 처분시 - 관습상O

　㉡ 甲이 **乙의 땅**에 건물신축하고 처분시 - 관습상×

⑤ 특정부분을 처분시 구분소유적 공유관계의 승계 여부?

　㉠ **등기부상 지분을** <특정부분에 대해> **이전등기하는 경우**: 구분소유관계는 그대로 **승계된다.**

　㉡ **등기부의 기재를** <1필지 전체>**에 대한 공유지분으로 처분하는 경우**: 구분소유관계는 소멸한다.

3. **계약명의신탁**(신탁자 甲이 친구 乙에게 돈 대주고 친구가 매수자가 되어 매도인 丙으로부터 토지를 매수하는 것)

(1) [유형1] 매도인이 선의인 경우

```
                    1. 매매계약(유효)
  ┌─────────────────────────────────────────────────┐
  │                                                  │
┌──────────┐   ┌──────────────┐ 3. 명의신탁(무효) ┌──────────┐
│ 매도인    │   │ 명의신탁자     │                  │ 명의수탁자 │
│ (선의)    │   │ (자금제공자)    │    약정          │ (매수자)   │
└──────────┘   └──────────────┘                  └──────────┘
  │                                                  │
  └─────────────────────────────────────────────────┘
              2. 소유권이전등기(유효)
```

① 乙·丙간의 매매는? 유효다.

② 丙에서 수탁자 乙로 소유권이전등기는? 유효다.

  ㉠ 부동산의 **소유자는?** 乙이다.

  ㉡ 甲·乙간의 관계에서는 甲소유이다.(×)

③ 신탁자의 권리 주장 카드는?

  ㉠ 신탁자는 명의신탁의 해지로 소유권회복×

  ㉡ 신탁자는 부동산자체가 아니라 매수자금에 대하여 부당이득환을 청구할 수 있다(대판).

  ㉢ 신탁자는 유치권을 주장? 신탁자의 부당이득반환청구권은 부동산에서 발생한 채권이 아니므로 유치권 주장×

④ 수탁자가 제3자에게 처분한 경우?
  제3자는 선의·악의 불문하고 유효하게 취득한다.

⑤ ★ **신탁자**가 수탁자 소유의 부동산을 매매한 경우?
  타인권리의 매매로서 무효 아니고 유효하다.

(2) [유형2] 매도인이 악의인 경우?

① 매매도 무효, 명의신탁약정도 무효

② 매도인에서 수탁자로 소유권이전등기도 무효다.

★ 매도인의 소유권이전말소의무와 매수인의 대금반환의무는 동시이행관계다.

(3) [유형3] 경매의 경우? (丙소유 부동산을 신탁자 甲이 제공한 자금으로 수탁자 乙이 경매로 낙찰받은 경우)

① 매도인 丙에서 수탁자 乙로의 소유권이전등기는?

 ㉠ 매도인의 선의 · 악의 불문하고 유효다(경매의 안정성).

 ㉡ 수탁자 乙은 **선의일 경우에 한하여** 소유권취득한다.(×)

 ㉢ 수탁자 乙은 **악의**면 소유권을 취득하지 못한다.(×)

② 매수대금의 부담 여부와 관계없이 **등기명의자의 소유**다.

③ 신탁자는 수탁자에게 부동산 자체를 반환청구할 수 없고 매수자금상당액을 부당이득반환청구할 수 있다. ★★

4. 3자간 등기명의신탁<신탁자가 북 치고 장구 치고!!!>

丙소유 부동산을 신탁자 甲이 매매하고 甲이 부탁하여 등기는 丙에서 수탁자 乙에게 소유권이전등기한 경우?

① 매매계약(유효)　② 명의신탁약정(무효)

매도인
(소유권자)

명의신탁자
(등기청구권:
매수자)

명의수탁자
(차명등기자)

③ 소유권이전등기(무효)

① 매매계약은? 유효다.
　㉠ 매도인은 신탁자에게 10년간 등기이전의무를 부담한다.
　㉡ 신탁자는 매도인에 대해 10년간 등기청구권을 가진다.
② 명의신탁약정은? 무효다.
③ 매도인 丙에서 <u>수탁자 乙로 소유권이전등기</u>는? 무효다.
　㉠ 실제매수자 甲이 아닌 차명으로 乙에게 등기했으니까.
　㉡ 부동산의 진정한 소유자는? 乙이 아니고 매도인 丙이다.
④ 신탁자의 소유권 회복은?
　㉠ 신탁자 甲은 매도인 丙을 대위하여 乙의 무효등기말소○
　㉡ 丙은 진정명의회복으로 소유권이전등기할 수 있다.
　㉢ 신탁자는 수탁자에게 부당이득으로 소유권이전등기×
　㉣ 3자간 등기명의신탁에서 수탁자가 제3자에 매도하거나 저당권을 설정한 경우
　　첫째, 제3자는 선의·악의 불문하고 물권을 취득한다.
　　둘째, 신탁자가 수탁자에게 직접 처분대금을 부당이득반환을 청구할 수 있다[전합].

MEMO